Friedrich Böer

**Tobys geheimes Tagebuch
oder: Die Spielregeln des Alltags**

Friedrich Böer

Tobys
geheimes Tagebuch

oder: Die Spielregeln des Alltags

Von den Gewohnheiten
und Ansichten der Erwachsenen,
wie Toby sie beobachtet
und was er sich dabei gedacht hat...

Mit vielen Zeichnungen und Fotos von ihm

Herder Freiburg · Basel · Wien

Foto auf dem Einband: Elke Dröscher

Fotos: Seite 53 Franz Graf v. Larisch-Moennich
Seite 83, 106, 107 Amerika-Dienst/USIS
Seite 84 unten NASA, Aufnahme mit Zeiss-Objektiv
Seite 85 unten „US Fisheries Review".

Holzschnitt auf Seite 68 aus
„Das büch der heiligen altvätter", Augsburg 1482;
Seite 79 aus Hans Vintler, „Buch der Tugend", Augsburg 1486;
Seite 112 aus Hartmann Schedel, „Liber Chronicarum", Nürnberg 1493.

Zeichnung auf Seite 84 oben: Herder Archiv.

Alle übrigen Zeichnungen und Fotos vom Verfasser.

Alle Rechte vorbehalten – Printed in Germany
© Verlag Herder Freiburg im Breisgau 1982
Herstellung: Freiburger Graphische Betriebe 1982
ISBN 3-451-19529-1

In jedem Kind steckt ein Verhaltensforscher
sagt Professor Kukk

Ich sehe, es gibt einmal viel für uns zu tun
schreibt Toby

An meinem Geburtstag

*Dienstag, 16. Januar
Schnee und Eis*

Zu meinem Geburtstag hat meine Schwester Luna mir heute dieses Tagebuch geschenkt. Luna ist zwei Jahre älter als ich... Sie hatte gesehen, daß ich immer auf kleine Papierstückchen kritzele und die Blättchen in einer Schachtel aufbewahre, hat mich aber nie gefragt, was ich da kritzelte. Darum hat sie mir also dieses Buch geschenkt.
„Mach es nicht wie die andern," hat sie gesagt. „Schreib nicht Tag für Tag auf, was du getan hast. Sondern mach es wie ich und notiere dir nur, was du wichtig findest, was du beobachtet und worüber du nachgedacht hast. Ganz kurz, nur für dich..."
Ich soll auch meine Zeichnungen einkleben und Bilder, die mir gefallen haben und die ich aus der Zeitung herausgeschnitten habe...
Ich will auch reinschreiben, was mich an mir und andern ärgert, was man anders machen könnte, was ich interessant finde und was ich vorhabe...
Wir haben uns lange über das Tagebuch unterhalten. Luna meinte, ich könnte so verrückte Fragen stellen. Die sollte ich auch aufschreiben und was ich mir dabei vorstelle. Manches könnte ich erst später verstehen, wenn ich erwachsen bin...

*Meine Schwester Luna.
Ich mußte sie dreimal
zeichnen; aber jetzt ist sie
ziemlich ähnlich.*

Das schönste Buch ist für mich ein Buch mit leeren Seiten, wie dieses, das Luna mir geschenkt hat. Nur traue ich mich nicht, die weißen Blätter zu beschreiben und zu bemalen. Es wäre schade, wenn ich nichts Vernünftiges darauf zustandebrächte...

Drei Tage lang keine Idee

*Freitag, 19. Januar
Schneegestöber*

Drei Tage lang keine Idee für das Tagebuch. Heute endlich habe ich etwas zu berichten... Moment, es klingelt, ich muß aufmachen...

Es war Vater. Also weiter: ich hatte in der Schule einen Traum... Es klopft an meiner Tür...

Vater hat mich nur daran erinnert, daß der Mülleimer voll ist... Wenn man dauernd gestört wird, kann man nie was werden. Zum Beispiel Picasso. Er ist mitten im Malen, da geht die Tür auf, und seine Frau sagt: „Pablo, bist du so lieb... der Mülleimer..." oder „Holst du mal Bier aus dem Keller?"... Vermutlich hätte Picasso niemals 50 000 Bilder gemalt, gezeichnet, gedruckt...

Jetzt habe ich vergessen, was ich in der Schule geträumt habe...

Herr Federspiel hat das in USA gesehen. Bei einer Aufzeichnung für das Fernsehen wurde durch ein Leuchtschild immer gesagt, wann das Publikum lachen sollte...

Das kann ja lustig werden

Donnerstag, 25. Januar es hat geschneit

Heute mittag war Onkel Rainer bei uns. Kurz vor dem Essen hatte er angerufen... „Das kann ja lustig werden," sagte Mutter.
Das Mittagessen war langweilig. Onkel Rainer erzählte von seinem Haus und daß er das meiste selbst gemacht hat. Nur ein Kollege aus seiner Firma hatte mal mit angepackt. Und die Handwerker hatten ihn immer sitzen lassen. Auf die wäre kein Verlaß, sagte Onkel Rainer. Und dann redeten alle von den Handwerkern. Es war richtig langweilig...
„Na, du warst ja heute so stumm," sagte Onkel Rainer, als wir vom Essen aufstanden. Er hatte es eilig und wollte gleich gehen. „Schade," sagte ich, „daß du schon weg mußt. Ich dachte, jetzt müßte es lustig werden".
„Nanu? Warum denn das? So aus heiterem Himmel?" meinte Mutter. – „Na, du hast es doch selbst vorhin gesagt, als Onkel Rainer anrief." – „Ich?" – „Ja, du hast doch gesagt: Das kann ja lustig werden..." – „Na und? Sind wir nicht lustig? Wie kommst du überhaupt darauf, daß wir lustig sein sollen...?"
Das war so gewesen: Wir hatten in der Schule über die Namen gesprochen. Und woher unsere Namen gekommen sind. Ein Mitschüler von mir heißt Lustig. Aber er hat noch nie gelacht. „Einer deiner Vorfahren", sagte Herr Federspiel (unser Lehrer), „muß ein lustiger Mensch gewesen sein. Und deshalb hat er wohl den Namen Lustig bekommen..." Alle hatten gelacht, nur Lustig nicht...

Und dann sprachen wir mit Herrn Federspiel vom Lustigsein. Kaum einer ist noch wirklich lustig. Und wenn einer lustig ist, dann meint man, er sei albern...

Dabei fiel mir ein, daß die Leute lustig sind, wenn einer im Fernsehen immer Pech hat. Aber sie bleiben ganz ernst, wenn sie in einer Illustrierten etwas Lustiges sehen. Im Wartezimmer beim Arzt zum Beispiel. Stumm und ernst. Wenn einer lachen würde, weil er in der Illustrierten einen Witz gelesen hat, würden die andern ihn empört ansehen...

Viele Leute, sagte Herr Federspiel, wissen nicht mehr, wann sie lachen sollen. Er ist mal in Amerika gewesen und hatte als Zuschauer bei der Aufnahme einer Fernsehshow teilgenommen. Da hatte zwischendurch immer mal ein Schild aufgeleuchtet, da stand „Lachen!" drauf. Und dann lachten alle. Genau an der Stelle, an der bei der Abendsendung die Zuschauer im Fernsehen lachen sollten...

Das erzählte ich nun nach dem Mittagessen. Onkel Rainer hatte schon den Mantel an und wollte gehen. „Ihr müßt ja einen schönen Lehrer haben," sagte er und „Na, denn bis zum nächsten Mal!" Und er gab jedem die Hand, so ganz flüchtig, und ging...

„Das hast du fein gemacht, Toby," sagte Vater. „Onkel Rainer wird so bald nicht wiederkommen..."

Nun erkläre mir mal einer die Erwachsenen, dachte ich. Sie sagen das Gegenteil von dem, was sie meinen... Und Humor haben sie nicht für fünf Pfennige...

Das Geheimschloß an der Kommode

Mittwoch, 31. Januar
viel Schnee

Was soll ich in mein Tagebuch schreiben? Heute war wieder nichts los...

Wenn ich aus der Schule komme, ist das erste, daß ich eine Kassette in meinen Recorder stecke... Musik, die mir gerade gefällt... leise... Ich werfe mich auf meine Liege und träume, das heißt: ich überlege, was am Vormittag war und was ich am Nachmittag tun werde...

Mittags, wenn Vater zum Essen kommt, fragt er: „Erzähl mal, wie es war! Was besonderes heute?" Dann läßt er mich in Ruhe. Ich spreche beim Essen nicht viel, sondern höre zu...

Was die Eltern reden, kann ich nicht immer verstehen. Manchmal frage ich und lasse mir etwas erklären. Ich will immer alles genau wissen...

Luna erzählt gern aus der Schule. Sie ist lustig und bringt öfter Freundinnen mit nachhause. Dann macht sie die Tür hinter sich zu, das heißt: „Bitte nicht stören!" Ich kann das auch machen, und jeder, der etwas will, klopft an. Das ist eine von unseren Spielregeln...

Das „Geheimschloß" an der Kommode; nur der Nagel darf natürlich nicht so groß sein!

Abgeschlossen wird in der Wohnung nichts. Auch mein Tagebuch brauche ich nicht wegzuschließen. Ich weiß, daß keiner darin lesen würde.

Ein Freund hat mir mal einen Geheimtrick verraten: Er hatte einen kräftigen Nagel seitlich in seine Kommode geschlagen, durch die Schublade hindurch, die als Geheimfach dienen sollte. Dann hatte er den Nagel gelockert, so daß er sich mühelos hineinschieben und herausziehen ließ. Sagte natürlich niemandem etwas davon. Ließ auch den Schlüssel vorn stecken und schloß ab. Nur zum Schein!

Es hatte nicht lange gedauert, dann sagte jemand: „Du, das Schloß an deiner Kommode ist kaputt! Das muß der Schlosser mal reparieren." Nicht nötig, sagte er, und zeigte, daß die Schublade sich mühelos herausziehen ließ. Verriet natürlich den Trick nicht. – Bei uns ist so ein Geheimschloß nicht nötig...

Ich habe jetzt zwanzig Bänder für meinen Recorder. E- und U-Musik, ernste und unterhaltende. Ich habe immer einen Bammel, wenn mir jemand ein neues Band schenkt, wie z. B. an meinem Geburtstag. Ob es wieder so eine billige Gesangs-Schnulze ist, die einen wie ein „Ohrwurm" verfolgt.

Die beiden amerikanischen Satelliten „*Voyager*" 1 und 2 sollen im Jahre 1977 Tonaufnahmen in den Weltraum mitgenommen haben, auf denen Geräusche zu hören sind wie Gesang der Wale, Meeresbrandung, Rauschen eines Baches, Sturm und Donner, prasselnder Regen, Kuckucksrufe, galoppierende Pferde, unser Herzpochen und vieles andere... Ich habe das Band mit den Aufnahmen gehört. Sie sind wunderschön... Ob es so etwas auch bei uns auf Kassetten gibt?

Wir besprechen alles gemeinsam

*Samstag, 3. Februar
Schnee und Matsch,
eine Amsel hat gesungen*

Heute war ich den ganzen Tag bei Magnus. Magnus ist mein Mitschüler. „Magnus" ist lateinisch und heißt „groß", aber Magnus ist klein. Er ist neu in meiner Klasse.

Seine Mutter ist berufstätig. Heute hatte sie frei. Als ich kam, hörte ich, wie sie in der Küche sagte: „Muß das sein?" Magnus erklärte mir: Er hatte vergessen, daß sie heute ihren freien Tag hat, und ihr deshalb nichts von mir gesagt.
„Wenn es deine Mutter nicht mag, dann gehe ich lieber," sagte ich. – „Wieso?" meinte Magnus. „Meine Mutter verschwindet bald, und wir machen uns selber was zu essen..."
Dann haben wir lange an einer elektronischen Bastelei gerätselt, einer Mini-Orgel. Die Teile hatte er schon gekauft. Wir setzten Widerstände, Kondensatoren, Transistoren usw. genau nach dem Aufbauplan in die vorgebohrten Löcher auf der Grundplatte und löteten alles zusammen. Trotzdem funktionierte die Orgel nicht...

Seine Mutter hatte den Eintopf schon zum Auftauen aus der Kühltruhe herausgestellt. Wir mußten ihn nur noch aufwärmen. Zwischendurch sahen wir fern und ließen die Milch überkochen. Rissen alle Fenster auf, weil es so stank... Zum Schluß gab es Eiskrem aus dem Kühlschrank...
Dann machten wir Schulaufgaben. Als wir bei Mathe verschiedene Ergebnisse hatten, rief Magnus ein paar Mitschüler an und fragte sie. Später habe ich mich geärgert. Wir hätten nicht so schnell aufgeben sollen...
Hinterher wollte er es noch einmal mit der Schaltung versuchen. Wir verglichen alles genau mit der Anleitung und fanden den Fehler. Nun funktionierte die kleine Orgel, und wir spielten auf ihr ein paar einfache Melodien. Es klang gar nicht schlecht...
Von vier ab hockten wir in den Sesseln und sahen fern. Müdes Programm. Schade um die Zeit... – Ehe Magnus' Mutter nachhause kam, ging ich heim.

Magnus kann tun und lassen, was er will, sagte er. Er bekommt alles, was er sich wünscht. Trotzdem langweilt er sich oft. Er kann einfach nichts mit sich anfangen. Solange er allein ist, hat

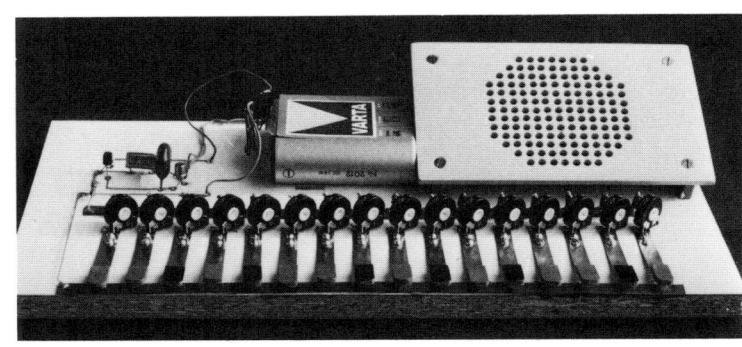

Die fertige Mini-Orgel haben wir gleich fotografiert. Sie ist ca. 25 cm breit, hat 16 Töne, und das Baumaterial kostete etwa 25 DM. Aber man muß schon etwas vom elektronischen Basteln verstehen und so geschickt sein wie Magnus.

er keinen Ärger, sagt er. Nur am Abend gibt es bei ihm zuhause oft Streit, seit er groß ist und seine eigenen Ansichten durchsetzen will.
„Wie ist das denn bei euch?" wollte Magnus wissen. „Habt ihr denn nie Streit?" Ich mußte erst mal überlegen.

Streit haben wir zuhause nie, aber verschiedener Ansicht sind wir oft. Wir haben Spielregeln verabredet, und an die halten wir uns alle. Zum Beispiel:

Wir besprechen alles, was uns vier angeht, gemeinsam. Wir setzen uns zusammen um den runden Tisch, und jeder sagt seine Ansicht. Was wir dann gemeinsam verabreden, das gilt für jeden von uns. Dadurch gibt es keine Überraschungen. Jeder weiß, was die andern vorhaben und wo er sie notfalls erreichen kann...

Wir sprechen ganz offen über alles. Jeder hat das Recht zu fragen und gehört zu werden. Trotzdem reden nicht alle durcheinander. Wenn einer etwas zu erzählen hat, darf er ausreden, ohne daß er unterbrochen wird...

Wenn wir verreisen wollen, wird vorher genau besprochen, wohin es geht, wie wir hinkommen, wann wir fahren, was wir mitnehmen wollen usw. Auch kleinere Unternehmungen beraten wir gemeinsam, damit jeder mitmachen kann, wenn er will...
Jeder hat das Recht, sich zu irren, und gibt es offen zu, wenn er etwas Dummes gedacht oder gemacht hat. Wir lachen manchmal darüber, aber ausgelacht wird keiner, auch wenn er ein ausgesprochener Pechvogel ist...

Mehr fiel mir im Augenblick nicht ein, aber unsere Spielregeln haben uns schon oft geholfen.

Ganz so groß ist mein Zimmer in Wirklichkeit nicht, aber so stelle ich es mir vor. Bei uns im Haus ist unterm Dach ein heller Speicherraum, den ich mir gern so einrichten würde...

Ich bin froh, daß ich kein Kind mehr bin. Kinder haben es schwer. Wenn sie noch klein sind, wird alles über ihren Kopf hinweg bestimmt. Die Großen sind wie Riesen, die die Kleinen an der Hand hinter sich herziehen, durch den Gestank der Autos und durch das Menschengedränge hindurch. Die Kleinen sehen die Welt immer von unten. Sie können beim Spielen nicht über parkende Autos hinwegsehen und rennen leicht in ihr Unglück ...

Donnerstag, 8. Februar immer noch viel Schnee

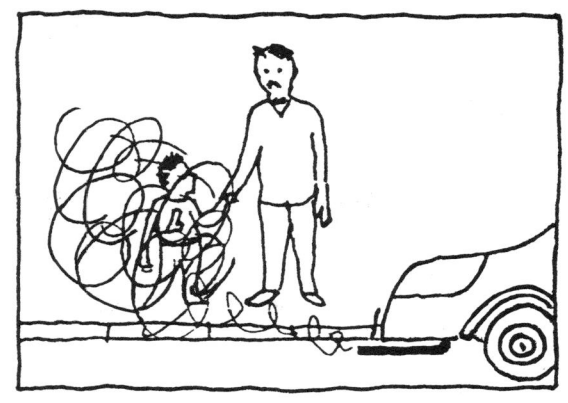

Früher bewunderte ich Vater restlos

Als ich noch klein war, schien alles so einfach. Ich bewunderte Vater restlos, er konnte alles und wußte alles.
Er brauchte nur zu winken, da hielt ein Auto, und wir stiegen ein. Er setzte sich mit uns in einem fremden Haus an einen Tisch und ließ uns von einem fremden Mann, den wir noch nie gesehen hatten, zu essen und zu trinken bringen.
Damals muß ich noch sehr klein gewesen sein. Ich glaubte alles und verließ mich auf den Gedanken: Mir kann nichts passieren... Die Eltern sind ja da...
Vater war für mich fehlerlos und allwissend. Bis ich es einmal mit einer Lüge versuchte und die Eltern mich nicht durchschauten. Ein paar Tage hatte ich Angst, man würde mein Geheimnis entdecken. Als nichts geschah, erkannte ich, daß Vater nicht allwissend war. Der Zauber war gebrochen. Ich besaß selbst etwas von dem Zauber, aber ich war nicht froh darüber...

Vater zeigte uns die Welt. Er ging mit uns in einen Park mit wilden Tieren, und von jedem wußte er den Namen und konnte er etwas erzählen. In allem war er geschickt. In den Ferien baute er mühelos das große Zelt auf, in dem wir übernachteten. Und abends unterhielt er uns am Lagerfeuer mit aufregenden Geschichten.
Im Wald half er uns Beeren und Pilze sammeln und zeigte uns, welche eßbar und welche giftig waren. Und zuhause bastelte er mit uns und machte so tolle Kunststücke, daß wir dachten, er könne wirklich zaubern.
Er hatte immer Geld in der Tasche, und alle Leute waren nett zu ihm. Ich dachte, daß alle ihn kannten und ihm alles zu Gefallen täten.
Dann begriff ich allmählich, wie Vater das alles anstellte und daß man viel mit Freundlichkeit und Geld machen kann. Und daß

13

Vater das Geld erst verdienen mußte... Ich merkte, daß doch nicht alles so einfach war, daß auch die Erwachsenen nicht alles wissen und können und daß sie ihre Geheimnisse und Sorgen haben. Auch meine Eltern...

Freitag, 9. Februar

Noch etwas über Vater: Es gibt auch heute anscheinend nichts, was er nicht erklären oder machen kann. Mindestens weiß er, wie man es machen oder wer es machen oder von wem man es haben kann.
Es macht Spaß, Vater nach etwas zu fragen. Es macht auch Spaß, wenn er mit Luna und mir über irgendetwas diskutiert. Wir lernen jedesmal etwas dabei. Mindestens diskutieren. Wenn wir diskutieren, kommt es uns nicht darauf an, recht zu behalten, sondern etwas gemeinsam klarzustellen... Auch bei politischen Diskussionen...
Vater hat oft lustige Einfälle. Wir merken es sofort, wenn er es nicht ernst gemeint hat. Ganz anders ist er, wenn wir Besuch haben. „Viele Menschen haben keinen Humor und denken, man macht sich über sie lustig," sagt er.

Tante Amy und die Briefmarken

Sonntag, 11. Februar
geringer Frost und Nebel

Hobbys hat es auch früher schon gegeben, nur nannte man sie damals „Steckenpferde". Onkel Willy hat zum Beispiel Briefmarken gesammelt. Das war vor fünfzig, sechzig Jahren. Zwei Alben hinterließ er, als er starb, dick wie Telefonbücher. Jede Seite war übersät mit Briefmarken. Er sammelte „die ganze Welt", und es gab in den Alben nur wenige Blätter, die nicht mit Marken vollgeklebt waren...
Vater erzählt oft von seinen Besuchen bei Tante Amy; so hieß die Witwe von Onkel Willy. An besonderen Festtagen nahm sie im Salon ein Bild von der Wand. Mitten in dem hellen Fleck auf der nachgedunkelten Tapete befand sich ein geheimes Schließfach. Und aus dem nahm Tante Amy feierlich die beiden Briefmarkenalben, um Vater einen Blick in ihre Schätze zu gewähren, wie sie sagte. Er starrte auf die bunt beklebten Blätter und konnte sich nicht sattsehen.
„Das wirst du alles einmal erben, mein Junge," soll Tante Amy dann gesagt haben, indem sie die Bände wegschloß und das Bild wieder an die Wand hängte. Vater sagt, er habe jahrelang von der kostbaren Sammlung geträumt; sie war sicher ein paar Tausender wert.

Die Jahre vergingen. Tante Amy zog in ein Altenheim. Wenn Vater sie besuchen wollte, sagte sie am Telefon: „Ich habe keine Zeit. Muß an den Briefmarken arbeiten. Wenn ich fertig bin, rufe ich dich an."

Wenn Vater Tante Amy besuchte, zeigte sie ihm immer die beiden Alben mit den wertvollen Briefmarken. – Rechts: Die erste Postmarke der Welt aus dem Jahr 1840 – ohne Zähne! Heutiger Wert: der englischen „schwarzen One Penny" ca. 1000 DM.

Eines Tages war es so weit. Vater durfte kommen. Er traf die Tante mitten in der Arbeit. Bis Portugal war sie schon fertig. „Ich mach inzwischen weiter. Du kannst ja zusehen," soll sie gesagt haben. Vater sah, wie Tante Amy mit einer Pinzette vorsichtig eine Marke nach der anderen aus dem Album löste und mit einer Nagelschere säuberlich ringsherum die Zähnchen wegschnitt. Alles vor Portugal hatte sie schon wieder eingeklebt. Sehr hübsch und sauber. Vater war sprachlos. Aber dann fragte er sie vorsichtig aus...
„Onkel Willy hat immer gesagt," erklärte Tante Amy, „daß die alten Marken aus Preussen und Bayern und England besonders wertvoll sind, weil sie keine Zähne haben. Und da habe ich mir gedacht: wenn das so ist... nichts einfacher als das..."
Tante Amy war ganz vernünftig. „Wenn du meinst, lieber Junge," sagte sie, „dann höre ich bei Portugal auf, – schade, es hat mir soviel Freude gemacht..."
Und so hat Vater nach Jahren die wertvolle Sammlung geerbt,... bis Portugal ohne Zähne...

Vater leiht mir seinen Fotoapparat

Donnerstag, 15. Februar draußen stürmt es

Bisher habe ich mit einer alten Box fotografiert. Zum Geburtstag hatte ich mir einen neuen Apparat gewünscht, einen billigen, zum Experimentieren. Aber Vater sagte: „Keinen billigen! Du sollst es jetzt richtig lernen. Ich leihe dir meine zweite Kamera zum Probieren und Üben – und später, wenn du größer bist, bekommst du eine moderne Kamera..."

...Wenn du größer bist... wenn du groß bist... wenn du erwachsen bist, sagen sie dauernd. Wie eine Verheißung auf später... oder wie etwas, für das ich noch nicht reif bin...

Wie ich die Welt sehe

Sonntag, 18. Februar
sehr kalt
Der Teich ist zugefroren

Noch ist die Welt, die vor mir liegt, für mich ein unbekanntes Land. In ein paar Jahren, wenn ich erwachsen bin, weiß ich alles, was mir heute unverständlich ist.
Zwischen Kinderland und Erwachsenenland liegt ein tiefes Tal voller Steine und Fallen. Das muß jeder einmal überwinden. In diesem tiefen Tal bin ich nun... auf dem halben Wege.
Noch bin ich in der Schule, muß lernen und Prüfungen bestehen. Dann kommt die große Frage: Was willst du werden?... Wieder lernen, studieren und neue Prüfungen ...
Zeit, in der man sich täglich zusammenreißen muß. Das nimmt einem keiner ab... Und dann ist man auf einmal Erwachsener unter Erwachsenen. Ein armer Anfänger, der noch nicht weiß, wie das Spiel läuft...
Ich will versuchen, ob ich dahinter komme. Will die Menschen beobachten und überall meine Erfahrungen machen. Auf alle Fälle werde ich abends in mein Tagebuch schreiben, was mir auffällt...

Das „Molkerei-Taschenbuch"

Sonntag, 25. Februar
Züge von Wildgänsen
flogen über unser Haus

Onkel Jo, Vaters Bruder, hat immer ein kleines Notizbuch in der Tasche. Manchmal zieht er es raus und schreibt hinein, was ihm gerade eingefallen ist.
Neulich hat er mir auch so ein Büchlein geschenkt, etwas kleiner als meine Hand, mit vielen leeren Seiten. Auf dem Deckel steht *„Molkerei-Taschenbuch"*. Alles, was über Molkerei drinstand, habe ich rausgerissen, und nun habe ich ein kleines Merkbuch für meine Beobachtungen. Ich trage es immer bei mir und habe schon allerhand hineingeschrieben, was mir aufgefallen ist. Später kann ich das dann in meinem Tagebuch verwerten. Denn das lasse ich immer zuhause in der

Das „Molkerei-Taschenbuch" und einen Bleistiftstummel trage ich jetzt immer in der Hosentasche bei mir. Das Büchlein ist für mich fast genau so wichtig wie mein Tagebuch.

Was ich höre, schreibe ich gleich in mein kleines Merkbuch, damit ich es nicht vergesse.

Geheimschublade, damit ich es nicht unterwegs verliere.
Heute hatten wir Besuch zuhause, Tante Helga. Sie erzählte viel, und ich begann, etwas davon unterm Tisch in mein kleines Merkbuch zu schreiben. (Hinterher ist es immer spannend, aus der Kritzelei etwas Vernünftiges zu entziffern)...
„Na, Toby, malst du da unterm Tisch?" fragte Tante Helga, als wir allein waren. Ich war ziemlich erschrocken und schwindelte: „Nein, ich lerne nur Vokabeln...". Ich schreibe nämlich auch englische Vokabeln in das Merkbuch und lerne sie, wenn ich mal Zeit habe.
„Euer Toby ist ein fleißiges Kind," sagte Tante Helga beim Weggehen zu meiner Mutter. „Da könnte sich mancher eine Scheibe von abschneiden..."

Ein Kind... Wenn ich das schon höre. Ich bin kein Kind mehr, aber auch noch kein Erwachsener. Klar, das hat noch Zeit und ist gut so. Aber allmählich müssen die Leute merken, daß man selbständig wird...

Ich beteilige mich am Haushalt

Donnerstag, 1. März Tauwetter, warme Frühlingssonne

Im Klassengespräch fragte heute Herr Federspiel, wer von uns im Haushalt hilft. Gut ein Drittel von denen, deren Eltern beide einen Beruf haben, versorgen sich selbst, aber hinterher räumen die wenigsten auf. Das überlassen sie der Mutter, wenn sie heimkommt...
Von den andern haben die meisten keine Lust oder keine Zeit, sagten sie. Auch die Mädchen haben keinen Spaß an der Hausarbeit.
Ich auch nicht. Aber bestimmte Pflichten habe ich freiwillig übernommen: Mein Bett machen, mein Zimmer einigermaßen in Ordnung halten, Post und Zeitung raufholen, Mülleimer leeren,

Getränke aus dem Keller nach oben schaffen, manchmal auch Geschirr abwaschen oder lieber abtrocknen, auch mal was einholen...

Ich mag nur nicht, daß ich immerfort mit neuen Aufträgen gestört werde, mache lieber alles hintereinander und habe dann meine Ruhe.

Luna hilft Mutter mehr im Haushalt als ich. Dafür kann sie aber auch gut kochen und feine kalte Platten mit belegten Schnittchen herrichten...

Wenn die beiden mal nicht da sind, führe ich mit Vater zusammen den Haushalt. Alles natürlich viel einfacher als sonst. Wir essen dann in der Küche von Papptellern, die wir hinterher wegwerfen. Und kochen nur einfache Gerichte. Und machen nicht an jedem Morgen die Betten...

Wenn er das immer machen müßte, sagt Vater, würde er alles ganz anders machen. Er würde die Küche anders organisieren, alles, was man zum Kochen, Braten, Backen, Essen braucht, schön bei der Hand. Mit einem Griff zu fassen, alles gut beleuchtet, nur das notwendigste Geschirr, eingebaute Schränke an den Wänden und viel Platz zum Abstellen. Zum Schlafen Kapitänsbetten wie auf Schiffen, lang und schmal, so daß das Bettenbauen ein Vergnügen ist. Man könne sich auch tagsüber, wenn einem danach ist, darauf ausstrecken und müßte es hinterher nicht neu bauen...

„Muß doch nicht immer alles so geleckt aussehen", hat Vater gesagt. Aber dann waren wir doch froh, wenn Mutter wieder da war...

Vetter Lars hat einen guten Job

Sonntag, 4. März ist wieder kalt

Neulich war mein Vetter Lars bei uns. Er ist 16 und will jetzt von der Schule abgehen.

„Und was willst du dann machen?" fragte meine Mutter. – „Ich suche mir eine Lehrstelle", sagte Lars. – „Weißt du denn schon, was du werden willst?" – „Noch nicht genau", sagte er. „Auf jeden Fall suche ich mir einen vernünftigen Beruf, in dem ich gut verdiene und viel Freizeit habe..."

„Wo gibt's denn sowas?" fragte Mutter. Lars dachte nach. „Zum Beispiel", sagte er, „aber jetzt werdet ihr lachen: als Einläufer für eine Schuhfabrik." – „Als Einkäufer?" fragte Mutter. – „Nein, als Einläufer!... mit L!" erklärte er. – „Einläufer? Hab ich noch nie gehört," meinte Mutter.

„Doch! In England soll es reiche Leute geben, die neue Schuhe nicht leiden können, weil sie drücken. Und da gibt es Leute, die tragen für sie die neuen Schuhe – und auch die neuen Anzüge, bis sie etwas eingetragen sind und nicht mehr ganz neu aussehen. Und das soll gut bezahlt werden!" sagte Lars.

Mutter staunte. „Du, gibt's das wirklich?" fragte sie. „Vielleicht

Vetter Lars ist ein großer Motorradfan. Sobald er 18 ist, will er sich ein schweres Motorrad kaufen. Einen Helm hat er schon. Er setzt ihn immer auf, wenn er zuhause seine selbstaufgenommenen Bänder auf dem Recorder hört.

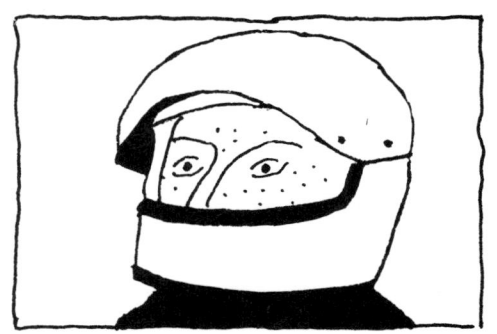

könntest du noch besser Einschläfer in einer Bettenfabrik werden... oder Einspieler in einer Spielzeugfabrik...".
„Sowas gibt's sicher auch," meinte Lars...

Heute war er wieder mal bei uns. Er hat in einer großen Fabrik einen Job als Bote gefunden. Muß Post und Akten hin- und hertragen.
„Ich habe einen guten Überblick über alles", sagte er. „Alle müssen auf mich warten. Ich bin einer der wichtigsten Leute im Betrieb!"
Er kennt den Fahrer des Chefs. Der hat ihm gesagt: „Ich weiß, wo den Chef der Schuh drückt, ich höre alles, was er mit den Leuten bespricht, die er im Auto mitnimmt."
Lars kennt auch den Pförtner der Fabrik. Der sagt: „Ich kenne alle Leute im Betrieb. An mir kann keiner ungesehen vorbeigehen. Jeder grüßt mich, sogar der Chef! Ich habe einen wichtigen Posten!"
„Und wie wird es weitergehen?" wollte Mutter wissen – Lars sagte: „Der Pförtner hat gesagt: ‚Mach dir mal keine Sorgen! Ich habe auch klein angefangen!' Und jetzt hat er ein Auto und ein eigenes Haus, sagt er."

Am Abend kamen wir noch einmal auf Lars zu sprechen. Ich bin ja auch nicht glänzend in der Schule...
„Von mir aus brauchst du nicht zu studieren", hat Vater gesagt. „Wenn du ein guter Handwerker wirst, bin ich auch zufrieden... Einen richtigen Schrank bauen... oder ein Buch anständig binden... was sag ich: ein Paar Schuhe besohlen... muß alles gekonnt sein. Man verdient dabei seinen Lebensunterhalt und lernt die Leute kennen. Wenn du was kannst, dann kannst du dich eines Tages selbständig machen,... warum nicht?... Nein, studieren mußt du nicht!"
Weiter haben wir nicht mehr darüber gesprochen. Aber mir ist klar geworden, daß ich langsam darüber nachdenken muß, was ich einmal werden möchte. Und in der Schule muß ich besser werden...

Professor Kukk, Vater und Herr Schnell erzählen sich Geschichten, die sie selbst erlebt haben.

Zwei Freunde besuchen Vater

*Donnerstag, 8. März
draußen ist es kalt*

Gestern abend hatte Vater Besuch von zwei Freunden: von Professor Kukk und Herrn Schnell. Mutter saß im Nebenzimmer und nähte und sah dabei im Fernsehen einen Film über Amerika, den sie nicht versäumen wollte. Luna machte für die Herren ein paar belegte Brötchen zurecht und trug sie auf. Und ich holte Bier aus dem Keller und brachte später den großen Weltatlas und das Vergrößerungsglas.
Es gab für uns beide allerhand zu tun. Grund genug, länger aufzubleiben und aus unserer Ecke zuzuhören, jeder zum Schein in sein Buch vertieft...
Es waren lauter merkwürdige Erlebnisse, von denen die drei erzählten:
Herr Schnell hatte auf einem alten Schloß Gespenstern aufgelauert, Professor Kukk hatte geträumt, er sei in der Römerzeit aufgewacht und wie er sich dort als moderner Mensch verhalten hatte, und Vater schilderte, wie einer seiner Freunde in Anatolien von verwilderten Hunden überfallen worden war und wie er sie sich vom Leibe gehalten hatte...
Ich hockte mit Luna im Halbdunkel, und wir beide hörten gespannt zu, wie die drei sich ein Erlebnis nach dem andern zum besten gaben. Solche Unterhaltungen liebe ich. Ich staunte darüber, wie geistesgegenwärtig sich die drei Männer auch in den schwierigsten Lagen verhalten hatten...
Aber auch bei den alltäglichsten Gelegenheiten schienen sie immer Rat zu wissen. Herr Schnell erzählte, wie er einen Koffer wiederbekommen hatte, der auf einer Luftreise nach Japan verschwunden war; Professor Kukk hatte einmal in Italien einen falschen Mantel angezogen und viel Geld darin gefunden; wer ihn verloren hatte, ist niemals herausgekommen; und Vater verriet, was er tut, wenn in seinem Zimmer mal ein Buch verschwunden ist (einfach nicht mehr dran denken, dann liegt es plötzlich auf dem Tisch...).

Auch als ich schon zu Bett gegangen war, hörte ich die drei noch lebhaft miteinander sprechen...
Mit wie vielen Problemen die Erwachsenen sich herumschlagen müssen. Und immer die richtigen Antworten und Auswege finden... Woher wissen sie das alles? Aus Erfahrung, sagen sie. Aber dann müssen sie ja ständig Erfahrungen machen...

Spielregeln für den Alltag

*Freitag, 9. März
helle Vollmondnacht*

„Habt ihr euch vorgestern sehr gelangweilt?" hat Vater sich heute erkundigt. Gute Gelegenheit, ihn zu fragen. Er trifft sich jeden Monat einmal mit den anderen. Manchmal sind es vier, fünf Männer und Frauen... Reihum, jedesmal in einer anderen Wohnung. Sie treffen sich nur, um sich Geschichten zu erzählen und zuzuhören. Jeder, der etwas zu berichten hat, kommt dran. Möglichst etwas Selbsterlebtes, was alle interessiert. Und nicht zu lang. Das ist eine Spielregel bei ihnen, sagt Vater.
„Spielregeln" kennt jedes Kind. Denn fast in jedem Spiel, das man geschenkt bekommt, liegt eine Beschreibung, wie es gespielt werden muß: die „Spielregeln". Bevor ein Spiel zum erstenmal gespielt wird, werden diese Spielregeln gemeinsam gelesen, und jeder Mitspieler hat sich an die Regeln zu halten. Wenn er mogelt, ist er ein Spielverderber und darf nicht weiter mitspielen...
Jetzt wollte ich endlich mal genau wissen: Was verstehen eigentlich die *Erwachsenen* unter „Spielregeln"? Ich fragte Vater danach. Und dann wurde es ein langer Abend...

Das Wichtigste weiß ich schon lange: Wenn Menschen zusammenleben und miteinander auskommen wollen, *darf nicht jeder tun, was er will*. Was er tun und was er nicht tun darf, ist genau geregelt durch Gesetze, Verordnungen, Vorschriften, Verbote. Man kann sie nicht alle kennen, so viele sind es...
Fast für alles gibt es ein Verbot oder eine Erlaubnis, einen Befehl, eine Warnung – oder eine Bitte, wie man sich verhalten oder nicht verhalten soll. Vieles steht nicht in Gesetz- oder anderen Büchern, sondern an Ort und Stelle, auf Schildern, so daß es jeder lesen kann. Zum Beispiel: Baden verboten! Einfahrt freihalten! oder: Bitte Tür schließen! Bitte nicht füttern (im Zoo) – und am Telefon eine weibliche Stimme: „Warten Sie bitte!"
Aber mit das Wichtigste, was übrigens in keinem Buch steht, sind die *„Spielregeln"* für das Zusammenleben. Jeder kennt sie und fast jeder spielt mit. Freiwillig! Denn Spielregeln sind keine Vorschriften oder Befehle...
Vater sagt: Wir alle handeln, ohne es zu merken, immerfort nach ungeschriebenen Spielregeln. Erwachsene genauso wie

Pferde können sich beim Gähnen nicht die Hand vor den Mund halten. Sie haben ihre eigenen Regeln für den Umgang miteinander. Ich habe gehört, daß ein Pferd zu gähnen anfängt, wenn ein anderes gähnt. Ich hatte Erfolg. Das Pferd hörte nicht auf zu gähnen.

Kinder, im Alltagsleben ebenso wie im Leben der Völker... Ein großer Vorteil: Da alle die Spielregeln kennen, wissen sie nicht nur, was sie selber tun müssen, sondern auch, was die andern tun werden...

Vater sagt: „Spielregel" ist, daß man nach Möglichkeit alles tut, was das Zusammenleben erleichtert und alles unterläßt, was das Zusammenleben stört. Und daß man Rücksicht nimmt und andern hilft, die in Not oder Verlegenheit sind...
Ganz alltägliche „Spielregeln" sind z. B.: daß man beim Essen die andern nicht auf sich warten läßt und nicht vom Tisch aufsteht, bevor alle fertig sind... daß man vor Dritten nicht flüstert... daß man sich beim Husten oder Gähnen die Hand vor den Mund hält... daß man in Bus oder Bahn nicht die Zeitung des Nachbarn mitliest... daß man sich im Theater während der Vorstellung nicht unterhält... daß Autofahrer und Fußgänger Blickkontakt miteinander suchen (um ihre Gedanken zu erraten) und tausend anderes mehr, was man unbewußt und freiwillig tut.

Und dann hat Vater noch gesagt: Wer lügt, wer betrügt, wer stiehlt, der verstößt gegen die Spielregeln und mißbraucht das Vertrauen. Wer sich im Laden heimlich etwas in die Tasche steckt, wer also ganz einfach gesagt „klaut", verstößt gegen die Spielregeln und mißbraucht das Vertrauen. Wenn jeder das täte, wenn jeder nach Herzenslust lügen, betrügen, stehlen würde, – wenn sich keiner mehr an die Spielregeln hielte, wem könnte man dann noch vertrauen?

Und wer ist „man"? Vater sagt: „Man" sind „die Leute", „alle", „jedermann". „Das tut man so" heißt: „Weil es so Brauch ist"...

Als Kind habe ich mir immer vorgestellt, daß ich nur die Zehn Gebote und das, was Vater „Spielregeln" nennt, halten muß, dann kann mir nichts passieren. Inzwischen habe ich allerdings gelernt, daß das nur stimmt, wenn sich *auch alle anderen* an die Spielregeln halten. Nicht nur die Kleinen, sondern auch die Großen. Die ganz Großen! sagt Vater.

Onkel Hans erzählte mal, wie er als Junge von 14 Jahren belohnt wurde, weil er sich an eine Spielregel gehalten hatte: Er hatte in einem Papiergeschäft ein Schulheft gekauft und war auf dem Heimweg, als ihn ein gut gekleideter Herr anhielt. Ob der Junge ihm sagen könnte, wie er auf dem schnellsten Wege zum Schloß käme. Zu Fuß bitte...

Onkel Hans, damals wie gesagt ein Junge, erklärte dem Herrn genau, wie er gehen müßte und dazu noch einen zweiten Weg, der noch kürzer war. Der Herr bedankte sich, fragte Hans nach Namen und Anschrift, überreichte ihm einen Briefumschlag und eilte davon...

In dem Umschlag lag eine Karte: „Herzlichen Glückwunsch! Sie haben einen Höflichkeitspreis gewonnen!" Ohne es zu ahnen, hatte Onkel Hans an einem Wettbewerb teilgenommen... Ein paar Tage später stand sein Name mit Anschrift in der Zeitung („Ein höflicher Junge"), und gleichzeitig erhielt er eine Urkunde und einen Geldpreis von 10 Mark...

Damit aber nicht genug. In den folgenden Tagen kamen Glückwünsche, Geschenke und Einladungen. Auch ein Kaninchenzüchterverein wollte den höflichen Jungen kennenlernen. Alles nur, weil er sich ahnungslos an eine Spielregel gehalten und einem fremden Menschen den Weg gezeigt hatte...

Im Zoologischen Garten fotografiert.
Das Lama: Was will er?...
Soll ich spucken?
Der Fotograf:
Es guckt so komisch...
Es wird doch nicht spucken?

Eine gute Tat ...

... noch eine gute Tat!

Menschlichkeit, – nicht nur Spielregeln!

Samstag, 10. März
immer noch kalt

Mutter hatte unsere Unterhaltung gestern abend mitgehört, aber nichts dazu gesagt. Heute kam sie noch einmal darauf zurück.
„Ihr dürft vor lauter Spielregeln nicht vergessen, daß man auch aus Nettigkeit handeln kann oder weil jemand in Not ist, einfach aus Menschlichkeit, aus Nächstenliebe, – ohne Spielregeln!"
Sie meinte: „Die Spielregeln sind Rücksichten, Hilfen, Erleichterungen, gewissermaßen die Schmiere, damit das tägliche Leben glatt abläuft ..."
„Aber etwas aus Menschlichkeit tun, das ist viel mehr", sagte sie. Dafür gibt es hundert Beispiele. Ihr müßt nur mal an die Frau denken, die seit zwei Wochen drüben bei der alten Rentnerin Nachtwache hält. Natürlich ohne Bezahlung ... Jeden Sommer steht in der Zeitung, daß jemand einen Ertrinkenden aus dem Wasser geholt hat ... und jeden Winter wird jemand von einem Unbekannten aus dem Eis gerettet ... Denkt mal an die freiwilligen Helfer vom Roten Kreuz oder von der Feuerwehr ..."
„Oder an Gitte", sagte Luna, „die jede Woche zweimal im Krankenhaus mit bettlägrigen Kindern spielt und ihnen vorliest ..."
Ich wüßte noch mehr solche Fälle. Der Autofahrer etwa, der auf der Autobahn einem Anfänger hilft, einen Reifen zu wechseln ... Tausend Gefälligkeiten gibt es, die nichts kosten und zu nichts verpflichten: jemandem Feuer geben, den Weg zeigen, sagen, wie spät es ist oder daß er etwas verloren hat usw. ...

Ich habe mir überlegt: Auch wer nichts hat, kann Freude machen. Einfach nett sein, einem andern zuhören oder ihm erzählen, für einen andern einholen oder ihm tragen helfen, für einen Kranken Zeit haben, ihm vorlesen ... Ach, er braucht ja nur zu lächeln. Auch das kann schon ein Geschenk sein, stelle ich mir vor ...

Was bedeutet das Bild eines Hasen?

*Donnerstag, 15. März
Schneetreiben*

Im Zuge von München nach Hamburg. Ich saß am Fenster. Onkel Rainer hatte mir ein interessantes Buch für die Reise geschenkt („Das kleine Fliegen- und Mückenbuch"). Das wollte ich zu Ende lesen und mit niemandem sprechen. Nur beobachten und zuhören.

Das Abteil war leer. Ich setzte mich ans Fenster. In Würzburg stieg ein älteres Ehepaar zu. Setzten sich auf die Fensterplätze am Gang. Begannen sofort zu essen ... Legten sich ein Taschentuch auf den Schoß, pellten harte Eier, schälten Äpfel ... ohne ein Wort zu sagen. Stumm bis Göttingen.

In Göttingen stieg ein Herr mit einem kleinen Aktenkoffer zu. Setzte sich mir gegenüber. Las Zeitungen. Der Ehemann hatte gerade eine Flasche Bier geleert und stand auf. Trat in den Gang ans Fenster und zog es herunter ...

... Da kam Leben in den Koffermann. „Sie wollen doch nicht etwa ...?" fragte er den älteren Herrn. Der antwortete: „Ich wollte nur die Flasche rauswerfen."

Jedes Kind kennt das Zeichen. Nur der alte Herr im Zuge nicht. Weil es ihm noch keiner erklärt hatte, dachte er, es hieße: Wegwerfen!

„Da ist doch extra ein Zeichen am Fenster!" sagte der Koffermann. – „Gerade deshalb", erklärte der Ältere. „Das heißt doch: Flasche rauswerfen!" – „Im Gegenteil! – das weiß doch jedes Kind ... oder?" und dabei sah mein Gegenüber mich an. – „Ich bin kein Kind mehr," sagte ich.

Der Koffermann war Ingenieur, wie er sagte. Fachmann für Signalkunde oder sowas. Spezialist für Verkehrs- und andere Zeichen.

Der ältere Herr setzte sich und packte die leere Flasche ein. Der Ingenieur fing an mich zu prüfen. Er holte ein dickes Buch aus seinem Köfferchen und zeigte es mir. Es war von vorn bis hinten voller Zeichen. Viele kannte ich, noch mehr hatte ich noch nie gesehen.

Er zeigte mir das Bild eines springenden Hasen und fragte: „Was bedeutet das?" – „Hase", erwiderte ich. – „Nein", sagte er. „Wenn du das in einer Fabrik an einer Maschine sehen würdest und wärst sagen wir mal ein Italiener ..." – „Dann würde ich denken: Hier laufen Hasen vorbei ... oder nein: Hier gibt es Hasenbraten ... Richtig?" – „Ganz falsch", sagte der Ingenieur. „Das Zeichen heißt: Achtung! Schnellaufende Maschine!" – „Und das hier" (er zeigte auf das Bild einer Schildkröte) ... Das heißt ...? – „Langsam", sagte ich. – Diesmal war der Ingenieur zufrieden.

Bis Hamburg zeigte er mir noch Hunderte von Zeichen und ließ mich raten, was sie bedeuten. Viele riet ich falsch. Aber sobald er sie mir erklärt hatte, wußte ich die Lösung. Für immer, glaube ich ..."

Das dicke Buch war eine Art Wörterbuch, nur für Zeichen, die überall in der Welt verstanden werden. – „Wer sie versteht, braucht die fremde Sprache nicht zu kennen, muß nicht einmal

lesen können", sagte der Ingenieur. „Wichtig für Gastarbeiter, Touristen usw...."
Er erzählte mir, daß man von einer Sprache nur etwa 800 Wörter braucht, um sich zu unterhalten. In China gibt es kein Abc, sondern 5000 – 6000 Zeichen, für jedes Wort ein anderes Zeichen. Ein Chinesenkind muß also mindestens 800 geheimnisvolle Zeichen im Kopf haben, dachte ich ...
800 Zeichen, das sind etwa so viele, wie jeder von uns kennt. Oder ohne Mühe erraten kann. Dazu gehören Verkehrszeichen, sportliche Zeichen, mathematische, medizinische, religiöse, Wetterzeichen usw. Ein paar, die ich noch nicht kannte, habe ich gleich in meinem Taschenbuch abgezeichnet ...
Das war wieder eine richtige Unterhaltung mit einem Erwachsenen, wie ich sie mir wünsche ... Ich werde von jetzt an Zeichen sammeln, wo ich welche finde ...
(Das ältere Ehepaar hatte sich übrigens in Hannover verabschiedet und in das leere Nebenabteil gesetzt).

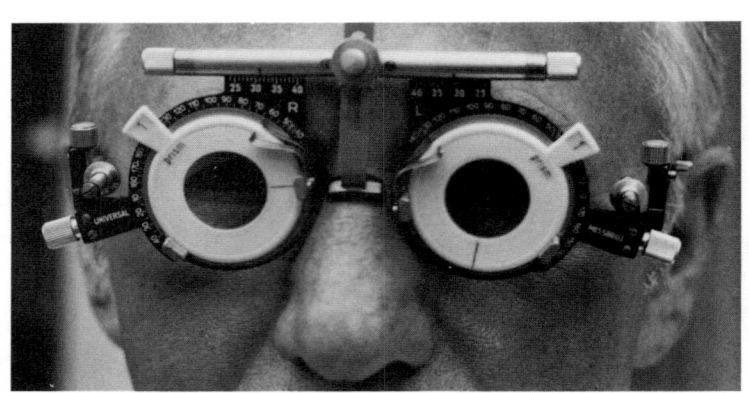

Ich gehe kaum noch ohne Fotoapparat aus dem Haus. Es gibt so viel Merkwürdiges und Lustiges zu sehen, und das knipse ich dann schnell. – Mit so einer Brille stellt der Optiker fest, was für eine Brille der Kunde braucht. Ich sah das und durfte es gleich fotografieren.

Mit der Kamera unterwegs

Montag, 19. März

Mit Vaters Fotoapparat habe ich schon ein paar gute Bilder gemacht. Aber natürlich auch falsche Belichtungszeiten oder falsche Geschwindigkeiten eingestellt und Bilder verdorben. Vor ein paar Tagen hat Vater mir den Apparat noch einmal genau erklärt. Ich habe dabei noch ein paar Tricks dazugelernt und fühle mich jetzt sicher.
Vaters Kamera ist ein moderner Apparat, mit Lichtmessung durch das Objektiv und zwei Wechselobjektiven (ein Weitwinkel und ein Tele). Damit habe ich natürlich viel größere Möglichkeiten als mit meiner alten Box ...
Als ich das erstemal mit umgehängter Kamera auf die Straße ging, kam ich mir ziemlich komisch vor. Die Drogistin an der Ecke hat meinem Vater mal gesagt: Am meisten verkauft sie

Was bedeuten diese Zeichen?

1 Treffpunkt – 2 Schnell – 3 Langsam – 4 Gift! – 5 Wasser – 6 Hunde erlaubt – 7 Eintritt verboten! – 8 Nicht berühren! – 9 Hell – 10 Dunkel – 11 Vorsicht! Radioaktive Strahlung! – 12 Zerbrechlich! – 13 Gefroren aufbewahren! – 14 Ruhe! – 15 Stufenlose Schaltung – 16 Höhlen – 17 Nicht öffnen, bevor der Zug hält!

Fototaschen zum Umhängen. Sie sollen möglichst nach was aussehen. Es gibt Leute, die tragen die leere Tasche vor der Brust; den Apparat lassen sie zuhause ... Sie knipsen nur dreimal im Jahr: zum Geburtstagsfest, im Urlaub und zu Neujahr. Oder sie schleichen Hummeln und Bienen an oder hocken vor Blumen und fotografieren sie ... Und warten mit dem Entwickeln, bis der Film voll ist ... Manche brauchen nur einen Film in ein, zwei Jahren ...

Mancher sieht schön aus, wenn er zum Schnellschuß in die Knie geht.

Manche hängen die leere Fototasche um, weil es so schön aussieht.

Ich will es anders machen, will alles festhalten, was mir auffällt, also Menschen auf der Straße (unauffällig natürlich, mit Tele), Bilder vom Verkehr, Tiere im Zoo, alltägliche Dinge, die ich zufällig beobachte, zu Hause, im Museum ... und auch in den Ferien ...
Mein Tagebuch soll gleichzeitig ein Bilderbuch werden. Ich werde weiter zeichnen, so gut ich kann. Gewissermaßen: was ich denke – in Bildern ...

Bei uns darf jeder seine „Macken" haben

Donnerstag, 22. März

In unserer Familie hat jeder seine „Macken", seine Angewohnheiten. Die soll er ruhig haben, aber nur solange sie den andern nicht lästig werden.

Ich schreibe hier mal auf, was wir für „Macken" haben:

Mutter	Vater	Luna	und ich
ist ständig dabei, Ordnung zu machen ...	schneidet aus der Zeitung aus und sammelt Ausschnitte ...	telefoniert gern und lange mit ihren Freundinnen ...	lege mich gern mal zwischendurch hin, faulenze und träume ...
alle Türen sollen offen, alle Schubladen geschlossen sein ...	stapelt Bücher, Briefe und Papier auf seinem Schreibtisch und läßt nur ein Fleckchen frei, auf dem er schreiben kann ...	läßt Türen und Schubladen offen und sagt: „Das sieht nach Leben aus ..."	bringe oft Freunde mit, die sich nicht die Schuhe abtreten ...
macht immer zwei Dinge auf einmal ...		macht für Besucher gern appetitliche Häppchen und nascht dabei ständig ...	will nicht gestört sein, wenn ich Tagebuch schreibe oder zeichne ...
man kann bei ihr vom Fußboden essen ...	spricht und ruft durch zwei, drei Zimmer hindurch ...		
schreibt gern lange Briefe ...		hört gern und laut Rockmusik, geht gern auf Parties ...	mache unauffällig Notizen, wenn Besuch da ist ...
stellt ihre Uhren gern um eine halbe Stunde vor ... „Dann weiß ich, daß ich noch Zeit habe ...", sagt sie.	liest alles, was ihm unter die Hände kommt ...		frage zuviel, will alles wissen und genau erklärt haben ...
macht am liebsten alles allein ...			

Dabei fällt mir ein: Onkel Jo erzählte, daß es eine Zeitlang in seiner Familie öfter Streit gegeben hatte. Seine Kinder Reni und

Tom hatten ständig an den Eltern etwas auszusetzen und die Eltern an den Kindern. Der Frieden war in Gefahr. Onkel Jo wollte dahinterkommen, was schuld daran war. Da hatte er einen Gedanken:

Er nahm ein leeres Schulheft und schrieb vorn auf das Schildchen: „Beschwerdebuch". Dann teilte er jede Doppelseite mit Bleistift in vier hohe „Felder", und über die schrieb er die Namen: „Vater", „Mutter", „Reni" und „Tom".

Von diesem Tage an trug er unauffällig alle Klagen, Entschuldigungen, Ausreden, Ratschläge und Redensarten, die von einem der vier gemacht wurden, in dessen „Feld" ein. Natürlich auch bei „Vater" und „Mutter". Das ergab nach ein paar Tagen eine komische Sammlung.

Als schließlich die Kinder fragten: „Was schreibst du da eigentlich immer so heimlich auf?" las der Vater vor, was die Familie in letzter Zeit alles herausgesprudelt hatte.

Zum Schluß mußten alle vier lachen. Und seitdem war Friede im Hause, sagte Onkel Jo ...

Und so soll das „Beschwerdebuch" ungefähr ausgesehen haben:

Vater Jo	Mutter	Tom	Renate
Kann man nicht mal in Ruhe die Zeitung lesen? ...	Morgen könnt ihr wieder nicht aus dem Bett finden ...	Ich bin noch gar nicht müde ...	Ich hole es ja schon, und läßt es Mutter holen ...
Bist du mit den Schularbeiten fertig? ...	Hat jemand meine Brille irgendwo liegen sehen? ...	Wenn ich mal selbständig bin und verdiene ...	Ich finde die Musik (den Lehrer, die Süßspeise, das Auto) „große Klasse" ...
Jetzt wollen wir das Fernsehen abschalten ...	Könntest du nicht mal Ordnung machen in deinem Zimmer? ...	Erwachsen müßte man sein ...	Habt ihr endlich alle die Zeitung ausgelesen? Ich möchte auch mal was ausschneiden ...
Kannst du diese schreckliche Musik nicht leise stellen? ...	Ich habe ja keine Hilfe im Haus ...	Mein Taschengeld ist alle ... ist ja auch viel zu wenig ...	
In deinem Alter hatte ich noch kein Rennrad (keinen Hausschlüssel, keine Freundin, keinen Kassettenrecorder usw.) ...	Wenn jeder mit anfassen würde ...	Ich such mir einen Job, dann hab' ich Geld ...	Schade, daß wir bei uns keine Party feiern können ...
Auf meinem Schreibtisch bitte nichts verändern ... Ich habe meine bestimmte Ordnung ...	Ihr habt gut lachen. Morgen muß ich wieder vor euch auf den Beinen sein ...	Ich bin noch lange nicht der Schlechteste in der Klasse ...	Darf ich mal ausreden? Ich bin noch nicht fertig ...
Wer hat sich schon wieder meine Papierschere angeeignet? ...	Vier Hände müßte man haben ...	Für mich ist das edle Musik ...	Das kannst du vergessen (wenn es nicht lohnt, weiter über etwas zu sprechen)
		Das ist echt übertrieben ...	
		Das habt ihr selbst gesagt ...	
		Das ist eben euer Fehler ...	
		... ehrlich ...	

Alle paar Jahre malt Mutter eines von unseren Zimmern. Ich würde gern die Wände streichen, aber Mutter kann es besser. Ich darf nur Fenster- und Türrahmen mit Zeitungspapier bekleben, damit sie keine Farbe abbekommen.

Ich helfe Mutter beim Anstreichen

Samstag, 24. März kommt jetzt der Frühling?

Weil Vater verreist ist, hat Mutter heute das kleine Zimmer angestrichen. Es soll eine Überraschung für ihn sein. – „Du könntest mir dabei helfen", sagte sie, bevor sie anfing. Ich sollte Fensterrahmen, Türen und Türrahmen mit alten Zeitungen und mit Klebeband abdecken, damit sie beim Anstreichen der Wände nicht mit frischer Farbe verschmiert würden ...

Leider bin ich nicht sehr geschickt bei solchen Arbeiten. Man muß mir vorher genau sagen, was ich machen soll, und dann kann ich es auch. Aber die Schere war nicht scharf genug, das Klebeband klebte an meinen Fingern fest, und dabei sollte es schnell gehen ...

Alles andere machte Mutter selbst. Sie kann es, obwohl sie es nicht gelernt hat. Am Nachmittag war sie fertig, und das Zimmer sah aus wie neu.

Ich setzte mich im Museum vor die Madonna ...

Ich finde, man müßte im Werkunterricht lernen, sachgerecht mit Handwerkszeug umzugehen, mit Hammer und Säge, mit Farbe und Kleister, mit Schraubstock und Feile. Man müßte auch lernen, wie man eine Arbeit vernünftig vorbereitet und hinterher die Spuren beseitigt. Am besten alles von einem Handwerksmeister zeigen lassen ... Nicht um ihn zu ersetzen, sondern um besser zu verstehen, was eine gute Arbeit wert ist. Man müßte den Handwerkern bei der Arbeit zusehen und fragen dürfen. Und auch mal selbst probieren, wie es gemacht wird ...

Zeichenstunde im Museum

*Donnerstag, 29. März
es wird warm*

Heute Zeichenstunde im Museum ... Ich kann nicht gut zeichnen, aber unser Zeichenlehrer, Herr Hollbein, sagt: Jeder kann zeichnen, von Natur aus, man muß es nicht erst gelernt haben ...
Es war still wie in einer Kirche. Überall standen und saßen Heilige und die Mutter Gottes, aus Holz und aus Stein, mit abgeblätterten Farben, feierlich ernst und stumm. Herr Hollbein erklärte uns alles, was er jedesmal von einem Schildchen neben dem Kunstwerk ablas ...
Wir durften uns hinsetzen, wo wir wollten. Ich hatte mir eine strenge Figur ausgesucht, – leicht abzuzeichnen, dachte ich. Erst bei der Arbeit fiel mir auf, daß die Figur keine Hände hatte und daß auf ihrem Schoß etwas fehlte ... Arme Maria, dachte ich, wer hat dir dein Kind weggenommen? wer hat dir die Hände abgebrochen?

Ich stand auf, um es näher anzuschauen. Ich ging umher und sah mir die anderen Plastiken an. Einer steinernen Maria war das Mädchengesicht zerschlagen ... einem Jesuskindlein Kopf und Beine abgehauen ... einem hölzernen Heiligen mit einer Muschel am Pilgerhut waren Gesicht und Hände respektlos von Würmern zerfressen ... Überall abgebrochene Finger, Hände, Arme, auch Köpfe und Füße. Und überall hatten Würmer ihre Löcher hinterlassen.
Vor Jahrhunderten hatten Menschen vor ihnen gebetet, dann hatten andere sie zerschlagen, und nun standen sie im kühlen Museumssaal, als Kunstwerke betrachtet und bewundert, von Schülern gezeichnet ... Von Zeit zu Zeit mal vorsichtig gereinigt, habe ich gehört ...

Ich ging durch die anderen Räume. Sah eichene Truhen, eisenbeschlagen, jahrhundertealt, eine Frau mag einst davor gekniet haben, die ihre Sachen darin verwahrte ... einen einfachen hohen Schrank, die Bretter roh aus dem Holz gehauen, weil man noch kein gutes Werkzeug hatte ... große eiserne Schlüssel zu Schlössern, die es nicht mehr gibt ... geschnitzte Holzlöffel, aus denen einmal jemand aß ... ein Notizbuch mit Holzfutteral und zwölf dünnen Wachstäfelchen, darauf noch Abdrücke einer Handschrift, deutsch und lateinisch. Vielleicht vor 500 Jahren von einem Schüler in das fingerlange Büchlein geschrieben ...
Überall Spuren von Menschen, die vor langer Zeit gelebt hatten ... und ich war ihnen zum Berühren nahe ...

Als Herr Hollbein mittags unsere Arbeiten einsammelte, hatte ich nichts fertig. – „Ich weiß noch nicht, ob ich dich nächstes Mal wieder mitnehme", sagte er enttäuscht ...

*... weil ich dachte, sie sei
leicht abzuzeichnen*

Deshalb ist es gut, von Anfang an auf gleicher Höhe zu sein. Dann kann man dem anderen gut in die Augen schauen ... Vermeide Höhenunterschiede!

Der Größere hat immer recht, weil er größer ist und auf den Kleineren herabschaut ... Wer schreit, hat meist Unrecht!

Sonntag, 1. April kühler Tag

Mit Luna: Wie sind die Erwachsenen?

Mit Luna unterhalte ich mich gern über alle möglichen Probleme. Oft sind wir verschiedener Ansicht und diskutieren darüber. Das nennen wir dann „Denkspiel". Heute ging es um die Erwachsenen, ganz allgemein, nicht um Vater oder Mutter ... Wie sieht ein Kind die „Großen"? Wir beide fanden:

Viele Erwachsene haben für Kinder nicht viel übrig. Sie betrachten sie als Quälgeister und Störenfriede, die einen nicht in Ruhe lassen, lästige Fragen stellen, nicht hören wollen, Dummheiten machen, lärmen ... Am besten, sie verschwinden im Nebenzimmer, damit die Erwachsenen unter sich sind.

Die Erwachsenen haben es gut. Sie müssen zwar arbeiten, brauchen aber keine Prüfungen mehr zu bestehen, haben Geld, verdienen Geld und können Geld ausgeben,

... sprechen miteinander eine besondere Sprache, mit Fremdwörtern, Begriffen, Ausdrücken, Ansichten, die wir häufig nicht verstehen,

... müssen nicht immer fragen, sondern dürfen über sich selbst entscheiden, – haben nie Zeit, aber immer etwas vor, können stundenlang fernsehen, Zeitung lesen oder telefonieren, rennen angestrengt durch die Gegend, („Jogging" nennen sie das) oder durch den Wald („Trimm dich!"),

... haben Verpflichtungen, Zweifel und Sorgen, halten sich für alles verantwortlich, sagen oft, daß sie die längere Erfahrung haben und behalten deshalb in Zweifelsfällen meist recht.

... geben gute Ratschläge, halten sich aber selber nicht daran.

Die Alten haben alles schon hinter sich, Schule, Prüfungen, Lehre, Beruf, Gehorchen, Wettkämpfe, Eheprobleme, Kindererziehung, Krieg, Inflation und Währungsreform, – haben alles schon einmal erlebt und können zu Hause mitreden.

Begib dich nie in Menschenmassen! Du könntest erdrückt werden oder zu Fall kommen. Von Vaters Schultern aus sah man die Welt damals besser.

Laß dich nicht von der Sonne blenden und fürchte dich auch vor dem größten Bart nicht.

Onkel Jo besucht mich

Immer, wenn Onkel Jo bei uns ist, klopft er bei mir an. Er setzt sich auf meine Bettkante, sieht mir zu, wie ich etwas klebe oder zeichne. „Ich darf doch?" fragt er dann, schaut sich meine Bücher an, läßt sich meine Fotos zeigen und unterhält sich mit mir. Er hört aufmerksam zu, und ich darf ihn fragen, was ich gerade wissen möchte. Als Vertreter bei einer Versicherung ist er viel unterwegs, lernt Leute kennen und was sie für Probleme haben und erzählt gern von seiner Arbeit. Und das ist immer interessant. Die meisten Erwachsenen wissen garnicht, was uns junge Leute alles interessiert ...

Mittwoch, 4. April von mir aus könnte es jetzt Frühling werden

Gestern hat er mich wieder mal besucht. Es war nicht sehr ordentlich bei mir. Ich räumte erst mal die Zeichnungen weg, die auf dem Bett lagen, und gab sie ihm, weil er sie sehen wollte. Zufällig war ein Notizblatt für mein Tagebuch darunter, und das las er denn auch.
„Du, das ist ja interessant," was du da über die Erwachsenen geschrieben hast ... Deine Notizen unterm Tisch ... Die behalte mal für dich!"
„Das habe ich ja auch nur für mich aufgeschrieben", sagte ich. „Das soll ja kein anderer lesen ..."
„Verzeihung!" sagte er. „Dann hätte ich es ja auch nicht lesen dürfen ... Ich habe da eine Spielregel verletzt.
Es gehört sich nicht, daß man sich in einem fremden Zimmer alles ansieht, daß man alles anfaßt, Briefe liest
und so weiter ..." – „Ach, du bist doch mein Freund",
sagte ich. – „Um so mehr", sagte er ...

Onkel Jo ist kein gewöhnlicher Mensch. Mit ihm kann man sich über alle möglichen Probleme unterhalten. Nie würde er einem andern davon erzählen ... Er ist mein Freund, obwohl er soviel älter ist als ich ...

Professor Kukk kann gut erzählen. Aber die fremde Dame ließ ihn nicht ausreden. Da verfolgte ich am Rentiergeweih, wie sich die Erwachsenen unterhielten.

Professor Kukk und die Rentiere

Sonntag, 8. April es ist wärmer geworden

Gestern waren wir bei Herrn Professor Kukk zum Mittagessen eingeladen. Auf dem Hinweg erinnerte Vater mich an unsere Verabredung: Wir sollten gut zuhören und nur sprechen, wenn wir gefragt würden ...
Professor Kukk ist Forscher. Er war gerade aus Lappland zurückgekommen. „Der Professor kann gut erzählen", hatte Vater gesagt ... (Aber das wußte ich ja schon).
An der Eßzimmerwand hing ein Rentiergeweih, das der Professor von einer Reise mitgebracht hatte. Es gab Rentiersuppe und Rentierzunge und zum Nachtisch Moosbeeren in Puderzucker ...
„Die Lappen verwenden alles vom Rentier. Von dem kommt nichts um", sagte Professor Kukk. „Das Grüne in der Suppe ist Lappenmoos, aus der Tundra, das wächst da wild."
Bis dahin war es leidlich interessant. „Haben Sie die Lappensuppe selbst gekocht?" fragte eine Dame, die auch eingeladen war. – „Gewiß, gewiß", bestätigte der Professor ihr. „Warum fragen Sie?" – „Weil sie auch so schmeckt", erwiderte die Dame und begann einen längeren Vortrag darüber, wie sie schmackhafte Suppen kocht ...
Kein Wort mehr über die Lappen. Von der Suppe kam das Gespräch auf Butter, von der Butter auf den Wochenmarkt, und dann auf Lebensmittelpreise, dann – ich weiß nicht mehr wie – auf den „Sommernachtstraum", auf Brillen und wie man sie am besten putzt, auf Schutzengel in Notfällen und ...
Mit Staunen verfolgte ich das Gespräch. Wie waren sie von Rentieren auf Brillen und Schutzengel gekommen? Ich versuchte, die Unterhaltung zurück zu verfolgen und nahm das Geweih an der Wand zu Hilfe ... Da war die linke Hauptstange ... das war die Geschichte von Herrn Professor Kukk ... Die erste Sprosse nach vorn war die Butter ... Die zweite Sprosse war der „Sommernachtstraum" ... Und so

verfolgte ich an den Sprossen des Geweihs das Gespräch mit seinen zwei Dutzend Abzweigungen ...
Inzwischen hatte die Dame noch viel Neues berichtet, und ich holte sie nicht wieder ein. Da gab ich es auf und sah vom Rentiergeweih weg ...
Auf dem Heimweg lobte Vater mich: „Du warst ja schön still heute ... War doch interessant, was der Professor erzählte ... Hättest übrigens ruhig auch mal was fragen können, mein Junge ..."

Wie oft sich jeder entscheiden muß

Montag, 9. April
immer noch kühl

Als Professor Kukk vom Denken sprach, horchte ich auf und vergaß das Rentiergeweih gänzlich ...
„Der Mensch muß ständig denken, sich entscheiden und entsprechend handeln", sagte er. „Der Stein, der Baum, das Tier, die müssen nicht denken und sich entscheiden. Die sind einfach da und leben ihrem Wesen nach. Aber der Mensch muß sich ständig entscheiden."
Ich brauchte mir nur einen Autofahrer vorzustellen: Er muß sich beim Fahren innerhalb von zwei Minuten 80 mal entscheiden und 60 Handgriffe machen. Das hatten schwedische Wissenschaftler festgestellt, und so habe ich es vor ein paar Tagen in der Zeitung gelesen ...
Der Mensch muß sich ständig – vor jedem Handgriff! – entscheiden und handeln ... Meist ohne Zeit zum Nachdenken zu haben. Denn fast alles vom Aufstehen bis zum Zubettgehen, im Haus, auf der Straße, in der Schule, im Beruf entscheidet er unbewußt, automatisch. Daran denke ich, seit wir bei Professor Kukk gewesen sind.
Mir ist klar geworden, daß auch ich mich ständig für oder gegen etwas entscheiden muß. Das fängt schon morgens beim Aufstehen an ...

Ein Autofahrer muß sich vierzigmal in der Minute entscheiden. Er muß ständig sehen, was vor, neben und hinter ihm geschieht und entsprechend reagieren.

Aus einer amerikanischen Anzeige von Ford

Warum man Zeitung liest

*Samstag, 14. April
frühlingshaft, aber kühl*

Vater ist heute morgen von einer Reise zurückgekommen. Die alten Zeitungen auf seinem Schreibtisch wollte er nicht mehr lesen. „Ist alles überholt", sagte er. – „Auch die von gestern?" fragte ich. – „Auch die von gestern. Heute ist alles schon wieder ganz anders", sagte er und vertiefte sich in die Zeitung von heute früh ...
Nach einer Weile legte er sie hin und fragte mich: „Hast du was?" – „Ja", sagte ich ... „Warum lesen die Erwachsenen eigentlich jeden Tag stundenlang in der Zeitung?" – „Damit sie auf dem Laufenden sind", sagte Vater. „Und damit sie wissen, was in der Welt geschieht."
„Und wozu müssen sie das wissen?" fragte ich. – „Weil sich alles auf uns auswirkt. Auf Handel und Wirtschaft und Reisen. Auf den Frieden in der Welt, auf unser ganzes Leben," sagte Vater.
Dann hat er mir gezeigt, wie er Zeitungen liest. Zuerst nahm er die Seiten mit den Anzeigen heraus, Stellenangebote und -gesuche, Wohnungsmarkt, Automarkt, Ehewünsche, Tauschangebote usw. Ich schätze, am Samstag sind es zwanzig, dreißig Seiten, die bei uns gleich zum Altpapier kommen, weil sie Vater nicht interessieren ...
Dann hat er mir den politischen Teil erklärt: Was in der Welt und bei uns geschehen ist, wer wen besucht hat, was geredet und verhandelt worden ist, wo es Krieg und Revolution, Geiselnahme, Streiks und Aufstände gibt und warum, die Probleme der armen und reichen Länder, gegenseitige Versprechungen, Drohungen, Erpressungen, Attentate, – ich schreibe das alles aus der heutigen Zeitung heraus ...

„Woher kennst du bloß die vielen Namen von Königen, Präsidenten, Häuptlingen, Politikern, von Städten und Ländern?" fragte ich, „und die vielen Fremdwörter?"
„Ich lese doch jeden Tag die Zeitung!" sagte Vater. „Und sehe die Tagesschau im Fernsehen ..." Damit verschwand er wieder hinter der Zeitung. Und ich suchte inzwischen im Weltatlas Millionenstädte und Häfen, von denen wir in der Schule noch nie gesprochen haben ...

„Sieh mal, das ist auch wichtig!", sagte Vater. „Erdbeben, Überschwemmungen, Hungersnöte, Flugzeug-Katastrophen, Schiffsuntergänge – und wie von allen Seiten Hilfe kommt ..."
(Habe ich im Fernsehen schon oft gesehen).
Jetzt las er den Handelsteil, ganz kurz, die Sportnachrichten und die „Tante-Anna-Seite". So nennt er die aufregenden Berichte aus Stadt und Land: Verkehrsunfälle, Einbrüche, Banküberfälle, Mordtaten, Brände und so weiter ...
„Das sind doch lauter schlimme Sachen", sagte ich. „Warum steht nichts Gutes in der Zeitung, was den Menschen Freude macht ...?"

Wenn Vater Zeitung liest, kann man nichts mehr von ihm sehen. So vertieft er sich in alle Neuigkeiten.

„Hier steht schon, was du suchst", sagte Vater. „Eine neue Fußgängerzone eingerichtet... Jugendliche haben den Stadtwald aufgeräumt, alle Abfälle gesammelt und auf die Müllhalde gefahren... Im nächsten Jahr soll wieder ein großes Warenhaus fertig werden... Ist das nichts?"
„Noch ein Warenhaus?" fragte ich. „Wir haben doch schon genug... Jedesmal müssen ein paar von den gemütlichen Tante-Emma-Läden dafür zumachen, hast du selber gesagt. Nein, ich meine *gute* Nachrichten, über die man sich freut. Die findet man kaum in der Zeitung... Warum nicht?"
Vater sagt, es hat schon mal in Amerika eine Zeitung gegeben, in der nur Gutes zu lesen war. Nach ein paar Wochen soll sie eingegangen sein, weil soviel Gutes nicht spannend genug war...
„Das sogenannte Gute interessiert die Leute nicht", sagte Vater. „Sie wollen etwas Aufregendes lesen, hören, sehen. Auch wenn es schlimm ist... dann sogar erst recht..."
Während Vater die Zeitung las, strich er an, was wir auch unbedingt lesen müssen, und schnitt irgendetwas Wichtiges heraus, was er dann kurze Zeit aufhebt und nach acht Tagen wegwirft...

Onkel Jo, der den Schluß unserer Unterhaltung mit angehört hatte, meinte: „Ich könnte mir ein Leben ohne Zeitungen nicht vorstellen. Aus der Zeitung erfahre ich, was in der Welt geschehen ist und vielleicht geschehen wird. Nicht aus Neugier lese ich Zeitungen, sondern weil sie berichten, was mich und euch und alle angeht, unser Schicksal, unsere Zukunft, wie wir uns darauf einrichten und wie wir uns verhalten müssen." Manchmal spricht Onkel Jo wie ein Dichter. Er sagte zum Schluß, und ich habe es genau behalten: „Was sind das denn für Menschen, die die Schiffe der großen und kleinen Völker steuern, und wohin fahren oder treiben sie? Ich lese es in der Zeitung und sehe es im Fernsehen und mache mir meine Meinung danach ..."

Eben lese ich: Das Zeitunglesen soll Schulfach werden ... Und eine gute Nachricht habe ich auch entdeckt:
In Starnberg in Oberbayern hatten zwei junge Mädchen gesehen, daß die Forellen in einem Supermarkt in einem viel zu engen Wasserbecken zum Verkauf feilgeboten wurden. Von ihrem Taschengeld kauften sie jeden Monat mindestens eine Forelle, taten sie in einen Eimer voll Wasser und trugen sie zum Starnberger See. Dort setzten sie den Fisch aus und ließen ihn schwimmen ...
Der Tierschutzverein von Starnberg hat von der Protestaktion der beiden Mädchen gehört und sich öffentlich bei ihnen bedankt ... (Dem Supermarktbesitzer ist das wahrscheinlich gleichgültig. Hauptsache: Seine Forellen werden verkauft).

Ich höre beim Autofahren zu

Montag, 23. April
sonnig, neblig, kühl

Manchmal werde ich von Onkel Rainer im Auto mitgenommen. Dann sitzt Tante Helga neben ihm und hat die Straßenkarte auf dem Schoß. Beide natürlich angeschnallt. Ich sitze hinten, kann nicht viel sehen, weil die Rückenlehnen vorn so hoch sind. Kann nur zuhören, und das schreibe ich in mein „Molkerei-Taschenbuch". In Stichworten. Gestern zum Beispiel auf der Autobahn:

Onkel Rainer: ... Hast du gesehen? ... Ich wollte dem Einbieger Platz machen und fahre auf die linke Spur ... da kommt gleich einer von hinten angerast und drängelt mich mit der Lichthupe weg ... und jetzt setzt er sich vor uns ... und ... hast du Worte? ... fährt auf die Ausfahrt zu ... Kannst du das verstehen?
(Pause)
Tante Helga: ... Da rechts ... sieh mal, der kleine See ... die baden schon, wo es doch noch so kalt ist ... (Pause) Sieh mal ... der Mann auf dem Motorrad ... überholt uns mit ... na mindestens 120 ... ohne Helm! ...
(Pause)
Onkel Rainer: ... Schönes Wetter ... dumm, daß man im Auto sitzen muß ... Übrigens: Hast du an Gabi geschrieben? ... die wartet sicher ... Erinnere mich doch nachher mal: ich muß noch die Heizkosten bezahlen ... Ja, ein eigenes Haus müßte man

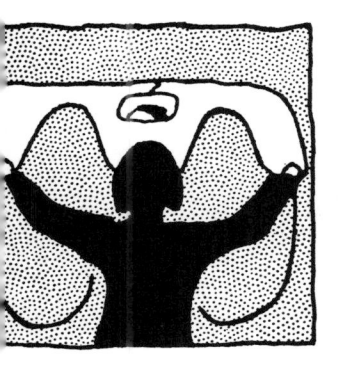

Ein Bussard am Wege sah verwundert, wie Tante Helga ihm im Vorüberfahren den Zeigefinger hinhielt, um Onkel Rainer auf den Vogel aufmerksam zu machen.

Vom Rücksitz aus konnte ich nicht viel von der Landschaft sehen. Deshalb machte ich es mir zwischen den hohen Kopfstützen bequem ...

haben ... Jetzt sollte doch eigentlich die Abzweigung nach Krauchenbach kommen ...
Tante Helga (sucht): Die Karte ist aber auch gar nichts wert ... Die Namen viel zu klein gedruckt ...
Onkel Rainer: Die Beschilderung ist auch nichts wert ... ideal für Geisterfahrer ...
Tante Helga: Der Laster fährt auch wieder zu schnell ... Hat mindestens 140 drauf ... Dem müßte man den Führerschein entziehen ... (Pause)
Tante Helga (immer noch): Die Autobahnpolizei müßte auf Motorrädern ständig unterwegs sein ...
Onkel Rainer: Ach, jetzt haben wir die Ausfahrt verpaßt ... (Später)
Onkel Rainer: ... Sieh mal, rechts über dem Acker fliegt ein Bussard ... oder ein Rüttelfalke ...
Tante Helga: Wieso Rüttelfalke? An was soll der denn rütteln?
Onkel Rainer: Das nennt man so. Sie stehen in der Luft und halten sich auf der Stelle, indem sie flattern ...
Tante Helga: Was du alles weißt, Rainer ... Und was ist das da für einer?
Onkel Rainer: Der da auf dem Pfahl? ... Das ist ein Bussard ... Guck doch mal rüber ...!
Tante Helga: Kann ich nicht – – – ich muß aufpassen ...
Onkel Rainer: Auf was aufpassen? Passe ich nicht auf?
Tante Helga: Doch, vielleicht ... Aber wenn du nach Falken und Bussarden siehst, muß ich eben aufpassen ... Hab ich nicht recht?
Onkel Rainer: So, jetzt haben wir wieder die Ausfahrt verpaßt ... Ich glaube, wir kommen heute nicht mehr nach Krauchenbach ... (Pause): Sitzt du noch hinten, Toby? ... Du bist ja so still. Was machst du eigentlich?
Ich: Ich höre euch zu ...
Onkel Rainer: Na, das tu mal ... dabei lernst du noch was! ...

In der Bibliothek von Professor Kukk durfte ich wie in einem Büchergebirge herumsteigen. Die Regale reichen bis unter die Zimmerdecke, und an die obersten Bücherreihen kam ich nur mit einer großen Leiter ...

In Professor Kukks Büchergebirge

*Sonntag, 29. April
Sträucher und Bäume blühen*

Gestern nachmittag war ich bei Herrn Professor Kukk. Ich sollte ein Buch für Vater abholen. Der Professor führte mich in sein Arbeitszimmer. Es kam mir vor wie eine Riesenhöhle, an den Wänden Bücherregale bis unter die Decke.
„Tun Sie mir den Gefallen," sagte der Professor, „und klettern Sie mal auf die Leiter? Da oben in der zweiten Reihe das blaue Buch, das ist die Völkerkunde, die Ihr Vater von mir ausleihen wollte ..." (Nett von ihm, daß er „Sie" zu mir sagte. Man fühlt sich gleich ernst genommen).
Ich kletterte hoch, holte das blaue Buch aus der Reihe und sah mir kurz die Werke daneben an. „Schöne Bücher haben Sie, Herr Professor!" sagte ich.
„Nun, wenn es Sie interessiert", sagte er, „dann können Sie gleich oben bleiben ..." Ich reichte ihm den blauen Band und kletterte in der nächsten halben Stunde an den Bücherwänden entlang – fast wie ein Bergsteiger. Griff mir verschiedene Bücher heraus und blätterte darin.
Professor Kukk saß inzwischen an seinem Schreibtisch, der mit Papieren, Büchern, Briefen vollgepackt war, und las. „Wenn Sie irgendein Buch interessiert," sagte er, „dann leihe ich es Ihnen gern". Ich borgte mir das Buch „Von Menschen und Tieren" von Carl Hagenbeck aus und durfte es mitnehmen ...
„Haben Sie die Bücher alle gelesen?" fragte ich beim Weggehen den Professor. – „Ich habe viele gelesen", sagte er. „Natürlich nicht alle. Aber ich kenne jedes Buch und weiß, was drinsteht. Und wenn ich bei meiner Arbeit eine Frage habe, dann weiß ich genau, in welchem Buch ich eine Antwort finde ..."
Das sehe ich ein. Ein Lexikon oder ein Wörterbuch zum Beispiel liest ja auch kein Mensch von vorn bis hinten. Er nimmt es nur zur Hand, wenn er von ihm etwas wissen möchte ...
Ich lese gern und viel. Keine Bücher mehr, die für die Jugend geschrieben sind. Nein, richtige Bücher für erwachsene Leser.

Wahre Geschichten, nichts Ausgedachtes. Am liebsten Bücher über Menschen und Tiere und über das Leben. – In der Stadtbücherei kann ich mir aussuchen, was mich interessiert. Es gibt da keine Zensur oder Kontrolle.
Was ich noch nicht verstehe, stelle ich gleich wieder zurück. Praktisches interessiert mich am meisten, Erlebnisse, Erfindungen, Reisen und Abenteuer, und wie die Leute sich dabei verhalten haben. Gern habe ich Bücher mit Bildern. Und Bastelbücher ...
Ich lese auch gern im großen Lexikon. Vieles, was ich erklärt haben möchte, steht allerdings nicht drin, dafür umso mehr, was ich nicht verstehe. Oder was ich niemals brauchen werde. Manchmal würde ich gern den Mann oder die Frau, die ein Buch geschrieben haben, persönlich kennenlernen. Mich mit ihnen unterhalten. Sie fragen ...

Montag, 30. April

Ich muß mich in der Schule noch mehr anstrengen. Es wäre dumm, wenn ich sitzenbliebe. In meiner Klasse sind lauter nette Jungen und Mädchen. Ich verstehe mich mit allen gut ...
Schade, daß Alex nicht mehr da ist. Er war mein bester Freund. In den Ferien soll ich ihn in Tübingen besuchen.

Wir sollten beide an unserer Schülerzeitschrift mitarbeiten. Alex sollte kleine Artikel schreiben, und ich sollte sie mit Zeichnungen und Fotos illustrieren. Lauter interessante Sachen. Nicht nur über die Schule ... Wichtige Ereignisse in der Welt und bei uns, Erfindungen, Reisen, Sport. Berufe sollten beschrieben werden, Anregungen für die Berufswahl gewissermaßen. Wir hatten schon einmal an einer Redaktionsbesprechung teilgenommen. Aber ohne Alex mache ich nicht mit. Und außerdem muß ich mich auf die Schule konzentrieren ...

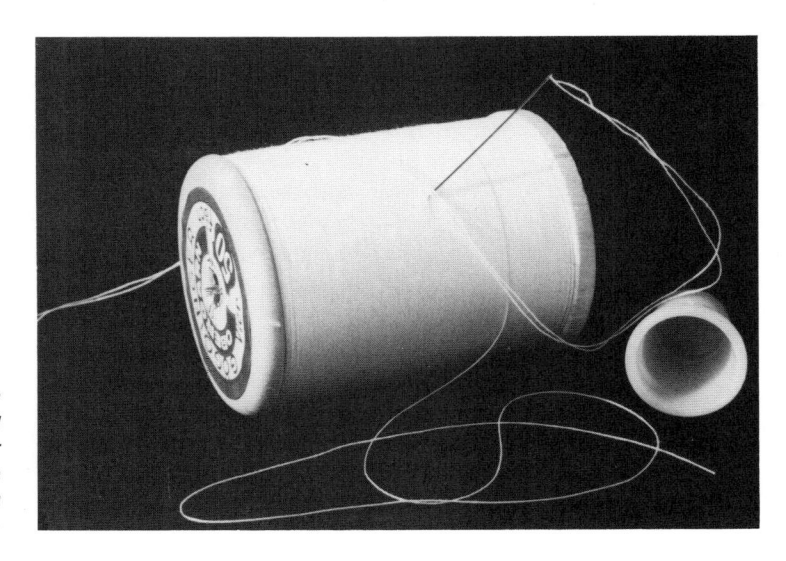

Wie lang ist ein Kilometer? In Mutters Nähkasten fand ich eine Garnrolle, auf der stand: 1000 m. Also könnte ich mit ihr eine Strecke von 1 km genau abmessen ...

Wenn wir erwachsen wären ...

*Donnerstag, 3. Mai
Mauersegler wieder da*

Mathematik fiel heute aus, weil Herr *Franzius* krank ist. Unsere Englisch-Lehrerin Mrs. *Millener* vertrat ihn. Sie ist jung und lustig. Von Mathe hat sie keine Ahnung. Stattdessen schlug sie uns eine Fragestunde vor. Um uns besser kennenzulernen, sagte sie ...

Zuerst unterhielten wir uns über alles Mögliche. Dann wollte sie wissen, was wir anders machen würden, wenn wir mal erwachsen sind. Also wenn wir mal selber Kinder haben.
Ich notierte einiges in mein „Molkerei-Taschenbuch":

Sabine sagte: „Ich würde mehr Zeit für meine Kinder haben und ihnen zuhören, wenn sie erzählen ..."
Nicole: „Ich würde niemals schreien, wenn ich meinen Kindern was verbieten will. Ich habe mir schon angewöhnt, ganz leise zu sprechen, wenn Vater anfängt zu toben ..."

Petra: „Wenn wir fernsehen, redet Vater bei der Tagesschau und so immer dazwischen. Das stört die ganze Familie ..."
Heike würde das Bastelzimmer ihres Vaters ausräumen und daraus ein Zimmer für sich machen. „Jetzt sitze ich mit meinen Schularbeiten immer in der Küche ..." Ihr Vater soll in der Garage arbeiten und auch mal mit ihr basteln, nicht nur mit dem Bruder ...
Mustafa, unser Türke, würde seine Kinder nicht immer einholen schicken ...
Andrea mag es nicht, daß ihre Mutter immer wissen will, mit wem sie telefoniert hat und was in den Briefen steht, die Andrea bekommt ... Sie findet, daß ihre Eltern oft zu streng sind ...
Martin: Mein Vater sagt immer: Ich an deiner Stelle würde das ganz anders machen, aber dann macht er es selber nicht anders ...
Sabine: „Ich unterhalte mich gern mit Erwachsenen, wenn sie mich ernst nehmen. Meine Großmutter glaubt, daß ich noch ein Kind bin und behandelt mich auch so ...
Petra: „Ich werde einen Beruf ergreifen, und meine Kinder müßten im Haushalt mithelfen. Ich sehe nicht ein, darum sie es besser haben sollen als ich ..."

Mehrere sagten, ihre Kinder dürften später mal so lange fernsehen, wie sie wollten. Andere waren für höchstens eine Stunde am Tag. Viele wollten mehr Taschengeld haben ...
Zwei Drittel waren mit ihren Eltern einverstanden. Würden nichts anders machen, wenn sie Kinder hätten. Einige sagten gar nichts. Ich auch nicht. Aber interessant war es ...

Hinterher kam es mir vor, als hätten alle nur auf eine Gelegenheit gewartet, ihren Ärger loszuwerden. Manchen war es vielleicht peinlich, daß sie ihre Meinung so herausgesprudelt hatten. Auch Mrs. Millener schien überrascht, was sie mit ihrer Frage angerichtet hatte. Jedenfalls meinte sie am Schluß: „Ich würde aber doch gern noch wissen, was ihr tun wollt, wenn ihr mal erwachsen seid, ... ein Ziel gewissermaßen: Wie stellt ihr euch eure Zukunft vor?"

Auch darüber hatten alle schon einmal nachgedacht. Ich kam kaum mit, aufzuschreiben, was sie für Pläne haben:

> Ich will viel Geld verdienen,
> viel Freizeit haben für meine Hobbys,
> mein Beruf soll mir Spaß machen,
> ich will selbständig sein,
> ich möchte Tierarzt werden,
> ich will berühmt werden (womit?),
> frei auf einer Insel leben wie Robinson,
> Forschungsreisen machen und Abenteuer erleben,
> eine Erfindung machen, mit der ich viel Geld verdiene,
> aufs Land ziehen und mit Freunden ein altes
> Bauernhaus aufbauen ...

Mrs. Millener wünschte uns viel Glück für unsere Pläne. Und nächste Woche würde Herr Franzius wiederkommen ...

Die Sklavenmarke im Altpapier

Samstag, 5. Mai

Habe am Nachmittag für Großvater einen Haufen Zeitungen und Bücher zusammengeschnürt. Für die Altpapiersammlung. In einem zerrissenen lateinischen Schulbuch fand ich ein Bild, das mich interessierte. Großvater übersetzte mir: Im alten Rom mußten Sklaven, die versucht hatten, ihrer Herrschaft davonzulaufen, an einer Kette ein Schild um den Hals tragen. Auf dem waren wie bei Hunden Name und Adresse des Besitzers eingeprägt. Ich klebe das Bild hier ein.

Heute mittag ist Luna von einem Mädchen abgeholt worden. Helene. Ich finde, sie ist die netteste von Lunas Freundinnen ...

Meine Aufsätze in der Schule sind besser geworden (seit ich Tagebuch schreibe). Herr Federspiel sagt es ...

Die lateinische Aufschrift auf der Sklavenmarke heißt: „Halte mich fest, weil ich geflohen bin, und bringe mich zurück zur Breiten Straße zu Flavius, meinem Herrn (= DM)" ... So ging man vor 1600 Jahren mit Menschen um!

Als Luna nach London reiste, flog dieselbe Fliege mit ihr hin und zurück.

Fliege überfliegt zweimal den Kanal

Dienstag, 8. Mai
Frühlingswetter

Gestern abend haben wir unsere Reisepläne für den Sommer besprochen. Mutter möchte sich wieder an der See ausruhen. Vater wird wohl mitfahren, will viel lesen. Luna will eine Klassenreise nach Norwegen mitmachen. Und ich? Wenn die Familienkasse reicht, würde ich gern für vierzehn Tage nach England fliegen.

Luna war schon einmal in London. Das ist ein paar Jahre her. Wir fragten sie damals, was ihr am meisten Eindruck gemacht hätte. „Das Tollste war eine Fliege", sagte sie. „Auf dem Hinflug saß sie an meiner Fensterscheibe und spazierte den ganzen Flug über hin und her." – „Draußen oder drinnen?" fragte ich. – „Natürlich drinnen! Mußt mich nicht unterbrechen!" – „Und was soll toll daran sein?" wollten wir wissen.

„Ich bin ja noch nicht fertig", sagte Luna. „Stellt euch vor: Als wir nach zwei Tagen zurückflogen, hatte ich denselben Platz wie auf dem Hinflug, und am Fenster spazierte die Fliege wieder herum. Es war bestimmt dieselbe, ich habe sie an ihrem linken Flügel erkannt; der stand seitlich ab. Offenbar hatte sie ihn sich verstaucht ..."

„Ruf doch mal die Zeitung an!" hat Vater damals gesagt. „Das ist ein Rekord: ‚Fliege überfliegt zweimal den Ärmelkanal!'"

Wenn ich zeichne

Donnerstag, 10. Mai
Frühlingswetter

Ein Jammer, daß ich nicht besser zeichnen kann. Nie wird es so, wie ich es haben will, immer wird es komisch, niemals ähnlich ... Herr Hollbein dürfte meine Bilder für das Tagebuch nicht sehen ... Aber das Zeichnen macht mir Spaß.

Oft muß ich mir den Kopf darüber zerbrechen, was ich zeichnen soll. An das kleine Format mußte ich mich erst gewöhnen. Viele Bilder muß ich ein paarmal zeichnen, ehe sie gut genug für mein Tagebuch sind. Allmählich werden meine Zeichnungen besser. Aber so gut wie Alex werde ich nie zeichnen können ...

Drei Zeitungsbilder, und was ich mir dabei denke

Kinder helfen alten Leuten über die Straße, fahren einen im Rollstuhl, geben einem andern Auskunft, helfen ihnen tragen.

Eine Schülerzeichnung

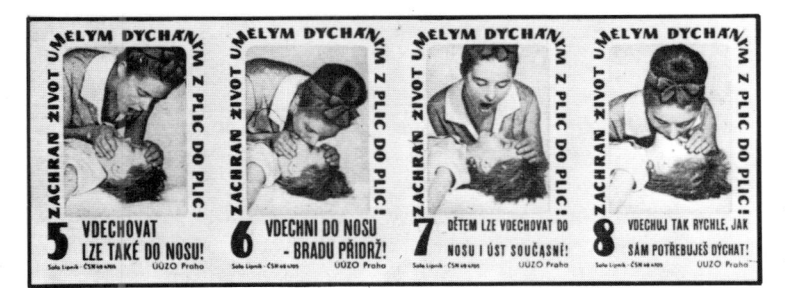

Wer einem Verunglückten seinen Atem oder sein Blut spendet, tut das, ohne lange zu überlegen, aus Nächstenliebe. – Auf den tschechischen Zündholzetiketten sieht man wie man ein Kind durch Atemspende am Leben erhält...

Es gibt Leute, deren Beruf es ist, für andere zu denken. So hat sich wohl einer dieses Gitter ausgedacht, damit keiner vom Turm herunterfällt oder sich selbst hinabstürzt...

45

Was ich aus der Zeitung ausschneide

*Samstag, 12. Mai
Frühlingswetter,
sonnig und warm*

Habe eben die Zeitung von heute morgen gelesen. Seite 1, 2, 3 und so weiter ... Politische Nachrichten aus aller Welt, aus Bund und Ländern und aus der Stadt ... Unfrieden, Drohungen, Terror, Krieg, alles wie gestern schon gehabt, nur einen Tag, einen Schritt weiter ... Herr Federspiel sagt: „Zeitungen sind Weltgeschichte in Scheibchen ..."
Ich habe angefangen, aus der Zeitung auszuschneiden, was mich interessiert, was mich wundert, worüber ich nachdenken muß, auch morgen noch und in einem Jahr. Heute war es zum Beispiel:
Ein neuer *Urmensch* in China gefunden: Bruchstücke von Schädeln aus der letzten Eiszeit vor 50 000 Jahren („Würm"), gleichzeitig mit Wurfkugeln, Feuerspuren und Knochen vom Wollnashorn und vom Riesenhirsch. – Eine *„Concorde"* hat durch Sturm im Rücken für die Strecke New York – London nur zwei Stunden, 59 min, 30 sec gebraucht, 6 min weniger als der bisherige Rekord. Durchschnittsgeschwindigkeit der „Concorde" heute 1886,1 km/h. – In Peru haben *Indianer* im tropischen Bergurwald ein Camp niedergebrannt, das eine amerikanische Filmgesellschaft in der Nähe ihres Dorfes für einen Dschungelfilm aufgebaut hatte. Die Indianer wollten ihre Ruhe haben und auch gegen Geld nicht mitspielen. – Wissenschaftler im Jet Propulsion Laboratory in Pasadena, USA (bei Los Angeles), studieren die Aussichten, im Jahre 2000 durch eine unbemannte *Raumsonde* im Weltraum, weit hinter dem Planeten Pluto (12mal so weit wie die Entfernung Sonne – Pluto!) die kosmische Strahlung zu erforschen. Reisedauer bei einer Geschwindigkeit von 100 km/sec im Weltraum: rund 20 Jahre!

Ein bisher unberührtes keltisches Fürstengrab – 2 500 Jahre alt – bei Hochdorf in Württemberg freigelegt. Mit Waffen und Schmuck, mit Spangen und Armreifen aus Gold und Bronze. Das Skelett des Fürsten lag in einem Bronzesarg ...

Ein emsiges Wühlen und Graben überall. Neue Siedlungen, Industrien, Autobahnen entstehen, wo vorher Äcker, Wiesen und Wälder waren. Wo gegraben wird, kommt oft auch etwas zutage, Trümmer und Schätze vergangener Zeiten, Friedhöfe und Gräber. Krähen hocken und schauen zu ...
Ich wundere mich nur, daß man später nie wieder etwas von all den Funden und Ausgrabungen erfährt, auch keine Bilder davon zu sehen bekommt ... Wozu graben sie dann? Sollte man die Toten nicht lieber ruhen lassen?

Herr Franzius hat einmal gesagt: „Die Gegenwart ist eine Sekunde zwischen zwei Ewigkeiten". Ich will jetzt alles ausschneiden, was ich über Vergangenheit und Zukunft erfahre. Wie oben!

In kleinen Nachrichten stecken oft große Geschichten

Eisiger Riese im Atlantik
AP. London

Ein 51 mal 38 Kilometer großer Eisberg mit einem Tiefgang von 180 Metern ist von der Antarktis in Richtung...

Wer raucht, denkt langsam
dpa, Tokio

Zigarettenrauchen stimuliert entgegengesetzt der allgemein verbreiteten Meinung nicht...

Verkaufte Kinder arbeiten für 20 Pfennig Tageslohn
Reuter, Bangkok

Für umgerechnet 20 Pfennig am Tag...in Bangkok...

Wüstenscheichs kaufen Sand
AP, Sydney

Einer unternehmungslustigen australischen Firma ist es gelungen, dem Königreich...

Unbekanntes Lebewesen
AFP, Mexiko

Ein Skelett gibt der Wissenschaft...Es wurde in einer...

Gras aus dem Altertum
AFP, Tokio

Grassamen im Alter von 1700 Jahren, die im Juni 1977 bei archäologischen Ausgrabungen gefunden wurden, haben in einer Gärtnerei bei Tokio ausgeschlagen und sind zu 20 cm hohen Grashalmen gewachsen. Nach Angaben von Experten stammt die Saat aus dem dritten Jahrhundert nach Christi Geburt.

Indianer als Sklaven
dpa, Rio de Janeiro

Indianer werden im westbrasilianischen Amazonasgebiet von...

Die Waffe, die nur Leben zerstört
K. M. Bonn

Die Neutronen-Bombe ist der jüngste Sproß in der Reihe der Atomwaffen, die...entwickelt...von

Was tun bei Beben?
AP, München

Flucht aus dem Haus und Schutzsuche unter und an besonders stabilen...die Parole für...

Tarantel als Wachhund
AP, San Francisco

Ein wirksames Abschreckungsmittel gegen Schaufensterdiebe hat sich ein amerikanischer...

Das Grab Karls des Kahlen in Brügge entdeckt
AP, Brügge

In Brügge haben belgische Wissenschaftler das Grab...

Mumie wird geröntgt
ddp, Liverpool

Röntgenärzte begannen in einem Krankenhaus von Liverpool mit der Untersuchung eines prominenten...

Bienen haben Ohren
dpa, Moskau

Auch Bienen haben Ohren. Zu diesem Ergebnis sind Mitarbeiter des Forschungsinstituts für Bienenzucht in der sowjetischen Stadt Rjasan gekommen. Wie die Moskauer Zeitung „Prawda" berichtete, fanden sie unter dem Elektronmikroskop winzige Borsten, die vergrößert wie Zweige auf dem Bienenkopf...

Was mich in der Zeitung am meisten interessiert, sind die „kleinen" Nachrichten. Ich schneide sie aus und hoffe, daß man später einmal mehr darüber erfährt. Vergeblich. Für die Zeitung ist der Fall anscheinend mit der kleinen Notiz erledigt.

Mehr Taschengeld

Sonntag, 13. Mai
sonnig, warm

Abends mit Mutter über mein Taschengeld gesprochen. Sie will mir monatlich 20 DM mehr geben. Freiwillig, damit ich auch mal etwas auf meinem Sparbuch zurücklegen kann ... Für Fahrgelder, meine elektronischen Basteleien und für Geschenke geht manchmal das ganze Taschengeld für einen Monat drauf. Magnus bekommt das Doppelte und für jede gute Note in der Schule eine Geldprämie von seinem Vater.

Torte, Blumenstrauß und Süßigkeiten, sogar einen Kranz und noch viel mehr läßt man gern von andern machen.

Wir lassen alles von anderen machen

Sonntag, 20. Mai
sonniger Tag

Heute nachmittag schickte Mutter mich in die Konditorei. Ich sollte Kuchen kaufen, weil sich plötzlich Besuch angemeldet hatte. In der Konditorei warteten schon mindestens zehn Leute, als ich mich hinten anstellte. Merkwürdig, dachte ich, als ich die ersten mit großen Kuchenpaketen abziehen sah, die backen alle nicht mehr selber ...

Auf dem Heimweg sah ich mehrere Leute mit eingewickelten Blumensträußen unterwegs. Dabei überlegte ich: Wir verschenken lauter Dinge, die wir nicht selbst gemacht haben, Kuchen und Pralinen und Blumen, die nicht bei uns gewachsen sind. Wir essen Brot, das von anderen gebacken und Obst und Gemüse, das von anderen gezogen wurde. Wir wohnen in Häusern, die von anderen gebaut wurden, und statt zu laufen, lassen wir uns fahren ...

Wir denken ständig Gedanken, die vor uns von anderen gedacht wurden, und halten uns an Spielregeln und Bräuche, die wir und auch unsere Eltern und Großeltern nicht erfunden haben, sondern die schon seit langer Zeit von Menschen befolgt werden ...

Ein Denkmal, das es nicht gibt.

Wir lassen uns regieren, führen, verführen von Menschen, die wir vielleicht garnicht ausgewählt haben. Ständig lassen wir andere für uns denken und machen. Es geht wahrscheinlich gar nicht anders, aber ich frage mich: Was tun *wir*?

Als ich zu Hause ankam, war der Besuch schon da. Eine lebhafte Unterhaltung war bereits im Gange, und ich konnte meine Gedanken weiterspinnen ...
Wenn man es genau überlegt, stammt fast nichts von uns. Alles, was wir denken, hat schon vor uns jemand gedacht. Ist das nicht erstaunlich?
Ich grübelte ungestört weiter. Es ist doch merkwürdig, dachte ich, daß alles um uns herum irgendwann einmal erfunden und zum erstenmal gemacht worden ist ... Wir benutzen ohne nachzudenken, was vor langer Zeit unbekannte Menschen ausgedacht haben ... Bett und Stuhl und Tisch, Mantel, Hemd und Schuhe, Topf und Pfanne, Messer, Gabel, Schere, Licht, ... Sprechen, Lesen, Spielen, Kochen und Bauen – alles haben wir von unbekannten Vorfahren geerbt ...
Die Unterhaltung der Erwachsenen war inzwischen auf den seltsamsten Umwegen bei der Blechspirale in der Fußgängerzone angelangt, und ein Streit erhob sich, ob das ein Kunstwerk sei oder nicht. Onkel Rainer meinte: „Früher hätte man ein Denkmal dahin gestellt" ...
„Für wen willst du denn heute ein Denkmal aufstellen?" unterbrach ihn Tante Helga ... Und damit war mir das Stichwort für meine weitere Grübelei gegeben ... „Denkmal" – für wen? Ganz einfach, dachte ich, ein Denkmal für die unbekannten Erfinder. Ich habe mal gelesen: „Wir alle stehen auf den Schultern der vor uns Gewesenen", der Erfinder, Entdecker, Forscher, Denker ... Viele von ihnen kennen wir nur von Briefmarken und aus Büchern, aber von den unbekannten Erfindern von Fernglas, Regenschirm usw. spricht keiner. Ich malte mir in Gedanken schon das Denkmal aus. Auf dem Sockel müßte man lesen: „Wir alle stehen auf den Schultern der vor uns Gewesenen" oder „Dem unbekannten Erfinder" ...

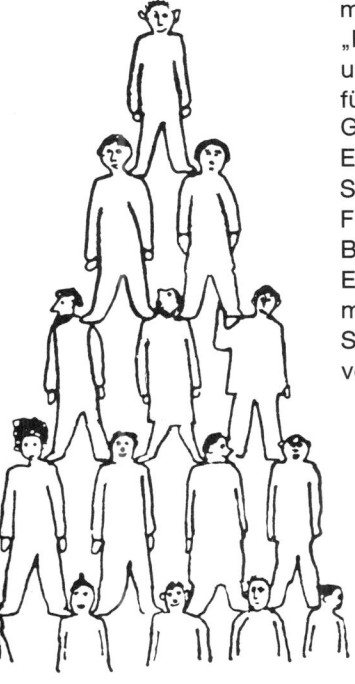

Wir stehen auf den Schultern all der vielen, die vor uns waren ...

Den Erfinder des Fahrrades kennt man: den badischen Forstmeister Karl v. Drais, 1817. Aber ich habe noch keine Briefmarke mit seinem Bild gesehen ...

49

Im Museum verbeugen sich viele vor den Kunstwerken. Sie wollen unten auf den kleinen Schildchen lesen, was auf den Bildern zu sehen ist und wer sie gemalt hat.

Mit einer kleinen Japanerin im Museum

Dienstag, 22. Mai es regnete den ganzen Tag

Sie war in Europa noch nie in einem Museum gewesen. Alles war neu für Yoko, die kleine Japanerin.
Besonders fiel ihr das Verhalten der Besucher auf. Sie blieben vor den Bildern stehen, betrachteten sie aus der Entfernung, gingen dann vorsichtig auf sie zu und verbeugten sich oder gingen in die Knie.
„Warum verbeugen sie sich?" fragte Yoko.
„Da unten steht auf einem Schildchen, was das Bild vorstellt," sagte ich, „und wer es gemalt hat..."
„Und ich dachte, sie ehren die Maler", sagte Yoko. „So macht man es nämlich bei uns in Japan..."
Manche Bilder waren hinter Glas, und man spiegelte sich, wenn man davor stand.
„Schade, daß man das Bild nicht richtig sehen kann, nur sich selber... Wozu ist das so?" fragte Yoko.
„Weil manche Leute mit den Fingern auf ein Bild gefaßt haben und sehen wollten, ob es echt gemalt ist." –
„Bloß deshalb?" fragte Yoko.
„Ja", sagte ich, „und weil manche Leute einfach ein Bild mit dem Messer aus dem Rahmen geschnitten und mitgenommen haben..."
„Habt ihr denn keine Wärter zum Aufpassen?" fragte Yoko.
„Doch, die drei, die da drüben zusammenstehen, sind Aufseher", sagte ich.
„Aber die unterhalten sich doch bloß", meinte Yoko.
„Die tun nur so", sagte ich. „In Wirklichkeit passen sie genau auf, was wir beide tun..."
„Du, laß uns weitergehen! Die drei sind mir unheimlich", sagte Yoko.

Wir verlassen uns darauf ...

*Samstag, 26. Mai
kühl und feucht*

„Die Welt ist schlecht eingerichtet", sagt Onkel Rainer bei jeder Gelegenheit. „Auf nichts kann man sich mehr verlassen."
Das habe ich auch heute morgen gedacht. Beinahe hätte ich das Aufstehen verschlafen, weil der Wecker nicht ging. Aber dann stellte ich fest, daß ich selbst schuld war. Ich hatte vergessen, ihn aufzuziehen ...
„Du mußt dich nicht auf alles verlassen", meinte Mutter, als sie vom Markt zurückkam ... Eigentlich hat sie recht. Wir verlassen uns ständig auf irgendetwas. Das ist auch gut so, sonst könnten wir einpacken ...
Wenn man es sich genau überlegt:

Wir verlassen uns darauf,

daß das elektrische Licht brennt, wenn wir es anschalten, daß die Uhren richtig gehen, daß der Bus pünktlich kommt und daß der Fahrer unterwegs nicht schläft ...
daß der kleine Zeiger die Stunden angibt und nicht der große ...
daß der Fisch beim Händler frisch ist und seine Gewichte stimmen und daß man beim Wechseln kein falsches Geld herausbekommt ...
daß der Weg richtig ist, den ein Fremder uns zeigt, daß die Autos bei Rot halten und daß die Reifen nicht in voller Fahrt platzen ...
daß der Brief, den wir in den Kasten stecken, wirklich ankommt, daß keiner etwas aus dem Fenster auf die Straße und uns auf den Kopf wirft ...
daß der Fahrstuhl nicht steckenbleibt, daß wir das Wasser aus der Leitung trinken dürfen, daß es morgen früh wieder Tag wird, daß die Anziehungskraft der Erde nicht nachläßt ... und daß alle die Spielregeln einhalten.

... Denn unser ganzes Leben beruht auf Vertrauen!

Das fiel mir alles ein, als ich darüber nachdachte, auf was wir uns ganz selbstverständlich verlassen.

Auf dem Wochenmarkt habe ich fotografiert, wie eine Frau bezahlt und die Händlerin ihr eine Tüte gibt. Beide verlassen sich darauf, daß alles stimmt: das Geld und die Ware ...

Das seetüchtige Floß „Acali" war 11,70 m lang und 6,60 m breit. Es trug ein kleines Deckshaus als gemeinsamen Wohn-, Schlaf-, Arbeits- und Schutzraum. Außer einem Rahsegel hatte es keinen Antrieb; es trieb mit der Strömung und dem Wind und konnte mit Segel und Ruder nur notdürftig gesteuert werden.

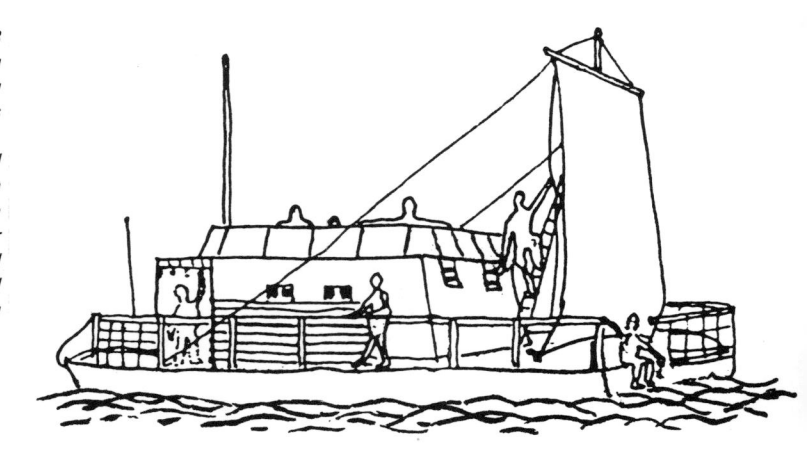

Die Wahrheit und das Wahrheitsspiel

Sonntag, 10. Juni kühl, vorige Nacht Gewitter

Dieses Mal habe ich eine lange Pause gemacht. Hatte keine Zeit für mein Tagebuch. Aber heute!

Vater erzählte: Als er drei Jahre alt war, hatte sein Vater ihn beobachtet, wie er gerade dabei war, Blumen abzureißen. Sein Vater war empört, aber das Kind stritt alles ab. Der Vater daraufhin: „Sag die Wahrheit!" – Das Kind wiederholte: „... die Wahrheit ..." – Der Vater wurde jetzt böse: „Ich hab dir gesagt, du sollst die Wahrheit sagen!" – Das Kind gehorchte und sagte noch einmal: „... die Wahrheit ..." – Was sein Vater daraufhin tat, weiß mein Vater nicht mehr. Er weiß nur, daß der ein sehr wahrheitsliebender Mann war ...

Ich fragte meinen Vater, ob er denn heute immer die Wahrheit sage ...

„Nicht immer", sagte Vater. „Muß man auch nicht. Zum Beispiel will Großvater nicht wissen, daß er jetzt alt wird. Lieber hört er, daß er aussieht wie ein Fünfziger. Also muß man da schwindeln ... Oder wenn jemand todkrank ist und weiß es nicht, darf man es ihm vielleicht nicht sagen ... Oder wenn jemand dumm ist, kann er vielleicht die Wahrheit nicht verstehen ... Oft muß man aus Rücksicht schwindeln, weil der andere die Wahrheit nicht verträgt oder weil er ‚sein Gesicht wahren' soll. Allerdings", sagte Vater, „wer ehrlich die Wahrheit wissen will, dem darf man sie nicht verschweigen ..."

„Und wie ist es?" fragte ich, „wenn jemand anruft und ich sagen soll: Vater ist nicht zuhause. Obwohl du neben mir stehst ..." – „Es kommt darauf an, wer gerade anruft", sagte Vater. – „Schön schwierig", sagte ich. „Dann weiß man also nie, ob der andere schwindelt ..."

„Doch," sagte Vater. „In den meisten Fällen merkt man es ..."

Schwere See, von einem Boot aus aufgenommen, – so mögen die Wahrheitssucher das Meer erlebt haben, als sie auf ihrem zerbrechlichen Floß wochenlang über den Atlantik trieben. Ich habe das Bild in einem alten Prospekt gefunden.

In einer älteren Illustrierten habe ich einen Bildbericht gelesen: Da hatten elf Menschen aus verschiedenen Ländern – sechs Frauen und fünf Männer – auf einem selbstgebauten Floß den Atlantik überquert.
Das Unternehmen sollte ein Experiment sein, um zu ermitteln, wie Menschen sich in äußerster Gefahr verhalten. Wenn einer auf den andern angewiesen ist ...

Das seetüchtige Floß war 11,70 m lang und 6,60 m breit. Es trug ein kleines Deckshaus als gemeinsamen Wohn-, Schlaf-, Schutz- und Arbeitsraum. Außer einem Rahsegel hatte das Floß keinen Antrieb; es trieb mit der Strömung und dem Wind und konnte nur zur Not mit Ruder und Segel gesteuert werden.
101 Tage waren die elf Menschen auf der „Acali" unterwegs, von Stürmen, haushohen Wellen und Haien bedroht. Eine lange Reise von Las Palmas nach Mexiko.
Nach wochenlanger Sturmfahrt war das Floß in eine tagelange Windstille geraten. An Bord gab es nichts zu lesen, kein Radio und kein Fernsehen, nur ein Funkgerät für Wetter- und Schiffahrtsnachrichten.
Trotzdem langweilte sich niemand. Der mitreisende Verhaltensforscher, der die abenteuerliche Reise angeregt hatte, schlug nämlich ein „Wahrheits-Spiel" vor: Jeder mußte auf einem Fragebogen schonungslos berichten, was er von sich und von den anderen dachte. Auch wenn es etwas Schlechtes war. Und alle anderen sollten es wissen.
Das Spiel zog sich tagelang hin. Am Schluß kannte jeder sich selbst und die anderen besser als vor den Strapazen der vergangenen Wochen ...

Ich erzählte heute abend davon bei Tisch. Selbst im Familienkreis ist das „Wahrheits-Spiel" eine gewagte Sache. Nein, wir spielten es nicht, sondern verabredeten nur, jeder sollte es gelegentlich mal mit sich selber spielen ...

Frau von Bratnitz fotografiert alles, was aus der Röhre kommt. Mit oder ohne Stativ. Und hinterher malt sie den Braten.

Frau von Bratnitz malt Gänsebraten

Samstag, 16. Juni kühl und regnerisch

Solange ich mich erinnern kann, macht Mutter alle vier Wochen am Sonntag ein Festessen (wie bei manchen Eingeborenenstämmen). Sie erfindet irgendeine Gelegenheit zum Feiern und lädt immer jemand dazu ein.
Regelmäßig alle vier Wochen kommt Frau von Bratnitz zum Festschmaus. Das hat seinen besonderen Grund: Frau von Bratnitz ist eine naive Malerin ... Als sie das erste Mal gesehen hatten, wie meine Mutter in der Küche eine knusprig braune Gans aus der Bratröhre zog und liebevoll auf den großen Bratenteller legte, rief Frau von Bratnitz begeistert: „Ein Kunstwerk! Zum Malen!" – „Auf keinen Fall!" sagte meine Mutter. „Die Gans muß heiß auf den Tisch, – die Gäste warten schon!" – „Dann das nächste Mal!" rief Frau von Bratnitz. Sie stammt aus den baltischen Ostseeländern und spricht auch so ...
„Mich interessiert das Kochen überhaupt nicht", sagte Frau von Bratnitz. „Ich kann den Küchengeruch nicht ausstehen. Mich interessiert nur der Braten, wenn er appetitlich glänzend aus der Röhre kommt, – ein Kunstwerk – zum Malen!" – „Malen ja", sagte Mutter, „aber nicht bei mir in der Küche!"
So erschien die alte Dame vier Wochen später, eine halbe Stunde, bevor der Braten aus der Röhre kam. „Ich will sie nur fotografieren", sagte sie. – „Aber bitte mich nicht!" sagte Mutter. – „Nein, die Gans!" erklärte die Künstlerin, zog ein Stativ auseinander, schraubte den Fotoapparat darauf und suchte den günstigsten Platz in der Nähe der Bratröhre, um den fertigen Vogel zu blitzen, sobald Mutter ihn herauszog. Das Farbfoto sollte ihr nur als Vorlage für ein Gemälde dienen ...
Mutter ist eine gute Köchin, und als solche hat sie gute Nerven. Es stört sie garnicht, daß Frau von Bratnitz ihr jeden vierten Sonntag in der Küche mit ihrem Stativ im Wege steht und auf den günstigsten Augenblick wartet.
Keinesfalls ist es übrigens immer eine Gans. Je nach Jahreszeit kann es auch ein Huhn, ein Hase oder ein Karpfen sein. „Malen

kann man alles", sagt Frau von Bratnitz, „und sieht auch gut aus und schmeckt auch gut..."

Morgen ist wieder Sonntag mit Festessen. Morgen gibt es frische Spargel mit Eierkuchen, Schinken und holländischer Sauce. Und morgen kommt auch die Künstlerin wieder eine halbe Stunde vorher zum Fotografieren... Viele ihrer appetitanregenden Gemälde hat sie schon an Feinschmecker verkauft... Die sollen sie sich im Eßzimmer an die Wand hängen...

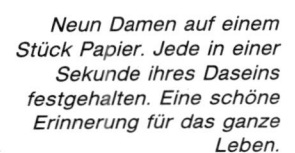

Neun Damen auf einem Stück Papier. Jede in einer Sekunde ihres Daseins festgehalten. Eine schöne Erinnerung für das ganze Leben.

Mit Mutter beim Kaffeekränzchen

Samstag, 23. Juni mäßig sonnig und kühl

Als wir noch kleine Kinder waren, fand ich es gräßlich, wenn ältere Leute zu Besuch kamen. Wir mußten dann aufhören zu spielen, mußten die Hand geben und dabei dem Besuch in die Augen sehen. Und der Besuch sagte dann: „Nein, bist du groß geworden!" und fragte: „Wie gefällt es dir denn in der Schule?" und: „Was willst du denn mal werden?"
Am Kaffeetisch mußten wir still sitzen und durften nur sprechen, wenn wir gefragt wurden. Von der Unterhaltung verstanden wir nur ein paar Bröckchen, und wir waren froh, wenn wir wieder gehen und weiterspielen durften...

Jetzt sitze ich gern dabei, wenn die Erwachsenen sich unterhalten. Ich verfolge den Gang ihrer Gespräche und wie sie vom Hundertsten zum Tausendsten kommen...

Heute habe ich Mutter zum Damenkaffee begleitet. Ich sollte alle zusammen fotografieren. Das Treffen fand in einem Garten statt und war sehr gemütlich und sehr laut...
Nach dem Fotografieren gab es Kaffee und Tee und Kuchen und Schnittchen mit Wurst- und Käsehäppchen. Ich habe still dabeigesessen und mir gemerkt, wovon sie sprachen... und ein bißchen in mein Taschenbuch gekritzelt. Nur in Stichworten, aber so habe ich viel behalten:

„... Gestern im Fernsehen der Tierstimmenimitator war doch Klasse. Das könnte ich ihm beim besten Willen nicht nachmachen ..."
„... Will noch jemand Kaffee? oder Tee? ..."
„... Ja, Zucker muß man zu den Rosen ins Wasser geben ..."
„... und da ist das halbe Schwein in der Truhe verdorben ..."
„... Darf ich mal den Zucker haben? ..."
„... Den Pelz habe ich im Schlußverkauf gefunden. Sehr preiswert und warm ..."
„... Zum Elternabend gehe ich grundsätzlich nicht. Da sind immer ein paar Leute, die einen nicht zu Worte kommen lassen ..."
„... Weißt du, was mir im Geschäft passiert ist ...?"
„... Wo haben Sie bloß die schöne Wohnungseinrichtung her? Die alten Sachen sind doch Gold wert ..."
„... Der Drogist von gegenüber ist gestorben. Ganz plötzlich. Hingefallen und tot ..."
„... Nehmen Sie doch noch von den Käsehäppchen! ..."
„... Die Predigt hätte ich gleich nochmal hören können, so schön war die ..."
„... ein hübscher Mensch, der Geistliche ..."
„... oh, das tut mir leid, ein Fleckchen ..."
„... macht nichts. Geht morgen sowieso in die Wäsche ..."
„... und hinterher waren alle so lustig. Nein, haben wir gelacht ...
„... das Telefon! ..."
„... das ist sicher mein Mann ..."
„... ich bin eine ausgesprochene Feinschmeckerin, ... merke immer sofort, wenn die Krabben nicht frisch sind ..."
„... darf ich Sie mal unterbrechen? ..."
„... nein, das bekommt mir nicht ..."
„... ach bitte, geben Sie mir doch noch mal die Sahne! ..."
„... das ist echt prima ..."
„... genau! ..."

Ich kam nicht mit, so schnell wechselten die Themen. Die Unterhaltung ging kreuz und quer über den Tisch hinweg. Einmal sprachen alle gleichzeitig.
Keine ließ die andere ausreden. Sie unterbrachen sich gegenseitig, indem sie mit „übrigens" ihre eigene Geschichte anfingen. Oder: „Wenn ich dazu auch mal etwas bemerken darf ..."
Mutter sagte fast gar nichts. Sie hatte die „Bedienung" übernommen, mußte heran- und wegtragen, Kaffee nachgießen und im Hause frischen Kaffee und Tee machen ...
„Na, wie geht's in der Schule?" war das einzige, was ich gefragt wurde. Zum Antworten kam ich bei dem Gewimmel nicht.

Spielregeln bei der Arbeit: Der Mann links mit dem Hut gibt die Kommandos. Alle heben gleichzeitig an. Keiner tut so, als ob ... So hat jeder nur ein Sechstel des schweren Gewichts zu tragen.

*Donnerstag, 28. Juni
sonnig, warm*

Vater erklärt mir das „Know-how"

Großvater ist mal in Amerika gewesen und spricht öfter vom „No-hau". Das Wort sieht scheußlich aus, wenn man es so schreibt, wie es sich anhört. Richtig schreibt man es „Know-how"! Denn es ist englisch und heißt soviel wie „gewußt wie".

Großvater sagt: „Know-how" nennt man das Wissen des Fachmanns, der immer weiß, wie man etwas anpacken muß. Der Laie steht meist ratlos daneben, sieht zu – und bezahlt. Jeder Beruf hat sein „Know-how", sein „gewußt wie", der Elektriker, der Kfz-Schlosser, der Tischler ebenso wie der Kaufmann, der Apotheker, der Arzt usw. Wer es besitzen will, muß jahrelang lernen oder studieren ...

Jede Industrie hat ihr „Know-how" – das Wissen, wie sie es macht –, das sie geheimhält oder gegen teures Geld auch an andere verkauft. Sogar ins Ausland ...

Ich habe Vater gefragt, ob es so ein „Know-how" auch für das Privatleben gäbe. Das sollte ich ihm mal genauer erklären, sagte er. Ich meinte das so: Die Erwachsenen haben doch ständig irgendwelche Probleme, mit denen sie sich herumschlagen. Woher wissen sie, was sie dann tun müssen?

Gibt es ein „Know-how" für den Alltag? Man braucht ja nur mal zuzuhören, was für Probleme sie haben. – Zum Beispiel:

Wir wollen in die Ferien fahren. Die ganze Familie. Mit der Eisenbahn. Wir wollen nicht zu früh abfahren und nicht zu spät ankommen. Vater ruft bei der Bahn-Auskunft und beim Reisebüro an. Aber beide sind ständig besetzt. Also kauft er ein dickes Kursbuch und sucht und findet den richtigen Zug, nicht zu früh und nicht zu spät, ohne umsteigen, mit Speisewagen usw. Ich sehe zu, wie er im Kursbuch blättert und mit den Fingern über den Zeilen hin- und herfährt. Ziemlich kompliziert. Aber Vater erklärt mir das „Know-how" – wie man findet, was man sucht, und was all die geheimnisvollen Zeichen, Ziffern und Buchstaben bedeuten... Gewußt wo und wie...

Oder: Mutter hat mit unserem Auto einen alten VW leicht berührt, und der Mann verlangt Schadenersatz, aber viel zuviel. – Wen kann man da um Rat fragen?

Im Bus kann man seinen Fahrschein nicht finden, und der Prüfer verlangt ein Bußgeld. Hinterher findet man den Schein beim Aufstehen. Zu spät, – was tun?

Ein Radfahrer hat auf dem Bürgersteig eine alte Dame umgefahren und sich schnell davongemacht. Allein kann die Frau nicht aufstehen, sie hat sich vielleicht ein Bein gebrochen?... Leute bleiben stehen. Was tun? Wer holt einen Krankenwagen? Wie kann man den Radfahrer ausfindig machen? Gibt es Augenzeugen, der den Vorfall beschreiben kann?

Ein Bund Hausschlüssel ist verloren gegangen. Wer es findet, könnte, wenn wir verreist sind, leicht die ganze Wohnung ausräumen. Soll man gleich alle Schlösser ändern lassen?

Arbeit muß schön sein. Sonst würden nicht die kleinen Kinder schon zur Schaufel greifen...

Ohne ein gewisses „Know-how" kann man nicht einmal einen Nagel einschlagen.

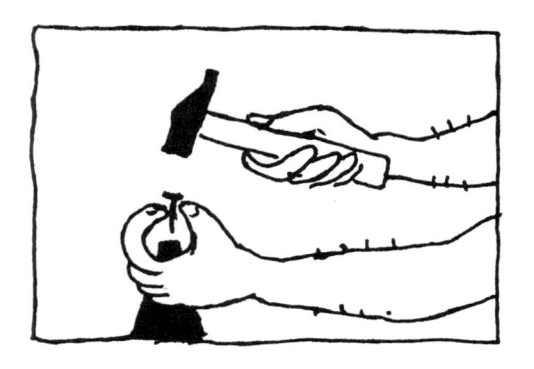

Mutter stellt fest, daß der Supermarkt mit einigen Waren um 20% teurer ist als der Tante-Emma-Laden an der Ecke ... und daß die Pralinenpackung immer größer, der Inhalt immer weniger wird ... Muß man sich das gefallen lassen?

Ich staune nur, wie gut sich Vater immer zu helfen weiß. Wo lernt man das? Gewissermaßen das „Know-how" des Lebens. Oder nennt man das „Lebenstechnik"?

Vater sagte: „Für jedes Problem gibt es eine Lösung. Wenn man zum Beispiel Ärger mit jemandem hat, dann spricht man zuerst mit ihm in aller Güte, ich meine: ganz freundlich."
„Aber wenn das nicht hilft?" fragte ich. – „Dann frage ich andere Leute, Freunde, Nachbarn, Kollegen, was sie tun würden..." – „Und wenn die auch keinen Rat wissen?" – „Dann kann man auch Rat kaufen..."
„Was?" fragte ich, „Rat kaufen? Wie denn das? Von wem denn?" – „Na", sagte Vater, „ganz einfach, von einem Fachmann. Es gibt viele Leute, die nur davon leben, daß sie andern Rat geben." – Ich konnte nur staunen...
„Kennst du solche Leute?" wollte ich wissen. – „Natürlich", sagte Vater. „Lies mal unten an der Ecke die Schilder: Augenarzt, Hals-, Nasen-, Ohrenarzt, Rechtsanwalt, noch ein Rechtsanwalt, Steuerberater usw. Das sind Fachleute, die einem Rat geben können. Und so gibt es unzählige Fachleute für alles mögliche...
„Du kannst – das weißt du ja – auch bei einem Handwerker Rat und Hilfe suchen. Du kannst auch beim „Kinder-Sorgentelefon" anrufen oder in Büchern nachschlagen, in der Zeitung eine Anzeige aufgeben, in der Verbraucherzentrale oder auf dem Fundbüro nachfragen. Wenn es ganz gefährlich ist, kannst du die Polizei, die Feuerwehr oder das Rote Kreuz anrufen. In manchen Fällen hilft auch die Gemeinde tatkräftig."
„Helfer gibt es überall und für alles", sagte Vater. „Man muß nur wissen, an wen man sich wenden muß... Am besten ist es natürlich, wenn man sich selber helfen kann...".

Vater hat immer zwei, drei Büroklammern in der Tasche. Im Notfall kann man mit einer aufgebogenen Drahtklammer viel anfangen, sagt er: Fingernägel und Tabakspfeife reinigen, abgerissene Riemen und Schuhbänder flicken, den abgebrochenen Bügel an der Brille befestigen, sogar kleine Schrauben ziehen. Komisch, was er alles mit Büroklammern machen kann. Sogar spielen...

Auch in der Ersten Hilfe kann man das „Know-how" lernen: Wer einen Lehrgang beim Roten Kreuz, bei den Arbeiter-Samaritern oder bei der Johanniter-Unfallhilfe mitgemacht hat, braucht nicht ratlos dabei zu stehen, wenn jemand z. B. aus dem Wasser geholt oder bei einem Verkehrsunfall verletzt worden ist. Er kann sogar einen Scheintoten wiederbeleben, wenn er die Atemspende (Mund-zu-Mund- oder Mund-zu-Nase-Beatmung) gelernt hat...

Das ist also das berühmte „Know-how", das „Gewußt wie"...

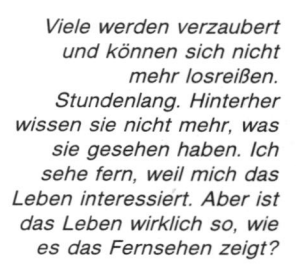

Viele werden verzaubert und können sich nicht mehr losreißen. Stundenlang. Hinterher wissen sie nicht mehr, was sie gesehen haben. Ich sehe fern, weil mich das Leben interessiert. Aber ist das Leben wirklich so, wie es das Fernsehen zeigt?

Auf dem Wochenmarkt; was Mutter kann

Samstag, 30. Juni warmer Sommertag

Wenn Mutter samstags auf den Wochenmarkt geht, begleite ich sie öfter. Um ihr tragen zu helfen, und um Leute zu beobachten...

Im Supermarkt sehen sich die Leute kaum an; sie haben es eilig. Auf dem Wochenmarkt dagegen kennen sich alle. Die Händler sind munter und lustig und machen, auch wenn es voll ist, ihre Späße. Und die Käuferinnen lassen sich Zeit... Manche kommen nur zum Sehen und Hören, wie auf dem Jahrmarkt... Wenn Mutter vom Markt kommt, hat sie immer irgendetwas Interessantes zu erzählen. Sie sieht, was andere nicht sehen.

Mutter kann alles und tut alles. Ohne sie müßten wir alles selber machen... Sie führt den Haushalt, sie führt Buch über alle Ausgaben, sie führt Gespräche und führt Verhandlungen mit unseren Lehrern. Kurz: sie führt bei uns zuhause...

Was meine Mutter in einem einzigen Jahr abwäscht, ist höher als der Eiffelturm in Paris ...

Mutter hat flinke Hände: Sie macht immer zwei Dinge auf einmal (oder drei. Allerdings: plätten und die Uhr aufziehen kann sie nicht zu gleicher Zeit ...). Sie ist immer guter Laune. Fährt Rad und Auto ...
... Sie verdient sich etwas nebenher dazu, indem sie Übersetzungen macht: Briefe und Bücher aus dem Englischen, manchmal arbeitet sie auch als Dolmetscherin ...
... und daneben hat sie noch Zeit, uns etwas vorzulesen, wenn es interessant oder lustig oder ernst ist, zu malen, was ihr gefällt, oder Briefe zu schreiben.
Und dabei spült sie im Lauf eines Jahres rund 7000 Teller, 1000 Schüsseln und Töpfe, ein Berg, so hoch wie der Eiffelturm soll das sein ... und Luna hilft beim Abtrocknen und Wegstellen ... und ich setze mich daneben und sehe zu.

Luna hat mir neulich beim Zeichnen zugesehen. Sie spielte an ihrer Kamera und machte heimlich ein Bild von mir. Heute schenkte sie es mir. „Für dein Tagebuch", sagte sie.

Lokführer und Heizer zielen mit guter Lokomotivkohle auf die Reklameschilder am Schienenstrang. Ein Dritter macht ein gutes Geschäft daraus ...

Das „Brain-storming", die Kohlen am Bahndamm und die Verschwendung

Donnerstag, 5. Juli
Gewitter und Regen

Wir sollten alle mal nachdenken, wo etwas verschwendet wird und wie etwas eingespart oder wiederverwendet werden könnte. Das hat uns heute Herr Federspiel zu Montag aufgegeben.
Wir sollen aber nicht erzählen, was alle schon wissen. Im Gegenteil: Jeder soll seine Fantasie spielen lassen und aufschreiben, was ihm einfällt. Keiner soll ausgelacht werden, auch wenn seine Gedanken ganz albern oder verrückt scheinen ...
Herr Federspiel sagt, in den USA nennt man das:
„*Brain-storming*" (gesprochen: brehn-storming), was soviel bedeutet wie „Gedanken-Mixen". Die Manager in den großen Firmen spielen es miteinander, wenn sie für ein Problem eine gute Lösung suchen. Jeder kann seine Vorschläge machen, auch wenn sie sich ganz irre anhören. Sämtliche Vorschläge werden auf Band mitgeschnitten und hinterher abgehört und nach allen Seiten hin „abgeklopft", bis die beste Lösung des Problems gefunden ist ...

Dabei fiel mir eine Geschichte ein, die Vater uns mal erzählt hat:
Es ist etwa achtzig Jahre her, da hatte ein pfiffiger Mann in USA beobachtet, wie sich Lokführer und Heizer auf den schweren Überland-Lokomotiven einen Spaß daraus machten, die riesigen Reklameschilder neben der Bahnstrecke im Vorbeifahren mit großen Kohlebrocken zu bombardieren. Nur zum Spaß. Vielleicht wetteten sie, wer die meisten Treffer machte ...
Von den Treffern und Nichttreffern hatten sich am Bahndamm vor und hinter den Schildern Haufen der besten Lokomotivkohle angesammelt ...
Der pfiffige Amerikaner pachtete für billiges Geld die langen schmalen Streifen neben der Bahnstrecke und holte regelmäßig die Kohle ab, die inzwischen neu hinzugekommen war. Er

Bürohäuser stehen hundert Tage und 365 Nächte im Jahr leer ...

Schulhäuser stehen mehr als hundert Tage und 365 Nächte im Jahr leer.

verkaufte sie an die Eisenbahnverwaltung und wurde mit der Zeit ein vermögender Mann ...

Das scheint mir ein gutes Beispiel für Verschwendung und Wiederverwendung zu sein. Für Herrn Federspiel habe ich mir aber ein paar eigene Vorschläge ausgedacht, – nur zum „Brain-storming"! Ich finde:

Verschwendung ist es, wenn Kühlschränke, Waschmaschinen, Fernseher und andere elektrische Geräte oft schon nach den ersten Reparaturen zum Sperrmüll an den Straßenrand gestellt werden. – Die Industrie müßte die gebräuchlichsten Ersatzteile vorrätig halten, die jedermann möglichst selber einsetzen kann. Dadurch würden die Geräte doppelt so lange benutzt werden können ...

Verschwendung ist es, wenn die Menschen an Haltestellen und Ampeln, vor dem Schalter, im Wartezimmer des Arztes, an der Kasse im Supermarkt und anderswo lange warten müssen. – Wieviel kostbare Lebenszeit, viele Millionen Stunden könnten da eingespart und sinnvoller verwendet werden. – Aber wie? ...

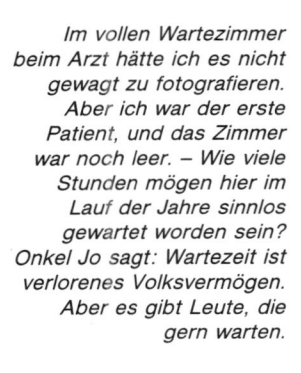

Im vollen Wartezimmer beim Arzt hätte ich es nicht gewagt zu fotografieren. Aber ich war der erste Patient, und das Zimmer war noch leer. – Wie viele Stunden mögen hier im Lauf der Jahre sinnlos gewartet worden sein? Onkel Jo sagt: Wartezeit ist verlorenes Volksvermögen. Aber es gibt Leute, die gern warten.

Verschwendung ist es, wenn Telefon- und Adreßbücher so entsetzlich dick sind. Vater sieht im ganzen Jahr höchstens hundert Telefonnummern nach. – Ganze Wälder brauchten nicht für das Papier abgeholzt, Gebirge von Telefonbüchern nicht gedruckt zu werden, wenn es Büchlein gäbe, in denen nur die Telefonnummern stehen, die man sucht...

Verschwendung ist es, wenn Bürohäuser, Schulen, Kinos usw. stundenlang leerstehen. – Man könnte sie ja gleich so gemütlich einrichten, daß sie nachts zum Wohnen und Schlafen dienen können...

Dabei fällt mir ein: Jemand hat gesagt, es sei Energieverschwendung, wenn nur einer allein im Fahrstuhl fährt. Man solle immer warten, bis mehrere zusammen sind. Aber wie lange müßte man da manchmal wohl warten! Besonders in der Nacht!
Jetzt bin ich gespannt, was die anderen wohl Herrn Federspiel bringen werden...

Heute abend habe ich Vater gefragt, wie er meine Vorschläge findet. „Die hast du doch nicht ernst gemeint?" fragte er. – „Aber sicher!" sagte ich – „Also, ich finde sie ziemlich verrückt", sagte er. – „Das sollten sie ja auch sein," sagte ich: „verrückt, aber doch zum Nachdenken anregend. So habe ich das ‚Brain-storming' verstanden...".

Samstag, 7. Juli
ein heißer Tag

Luna hatte sich heute mit Helene verabredet. Sie wollten zusammen für die Schule arbeiten. Ich war ziemlich ärgerlich, als es plötzlich klingelte, denn ich war gerade dabei, das Aquarium sauber zu machen. Als ich Helene sah, war ich ganz schön überrascht und nicht mehr ärgerlich...

Ich stelle mir vor: Wenn in fünfzig Jahren einer so ein Ding findet, wird er nicht wissen, zu was es einmal gut war. Glühbirnen sind dann vielleicht wertvoll und nur noch auf alten Schutthalden zu finden. Müllplätze sind dann Fundgruben für Antiquitätensammler...

Der Wegweiser kennt den Weg nicht, aber er zeigt, wohin er führt.

Der Lotse kennt das heimische Fahrwasser und seine Eigenheiten meist besser als der Kapitän. Deshalb berät er den Kapitän auf der Fahrt in den Hafen und aus dem Hafen.

Sonntag, 8. Juli herrliches Sommerwetter

Großvater erzählt von seinen „Lotsen"

Auf Großvaters Schreibtisch liegt eine dicke Glasplatte. Darunter zwanzig, dreißig Fotos von Männern und ein paar Frauen, ältere und junge. Die Bilder sagen mir gar nichts. Aber irgendetwas müssen sie für Großvater zu bedeuten haben, dachte ich mir schon immer.
Heute waren wir alle bei den Großeltern und haben gemütlich zusammen gefrühstückt. Sonntagsfrühstück ist für mich das Schönste. Dann fehlt keiner von uns und alle haben Zeit zum Erzählen und Zuhören ...
Nach dem Frühstück, als der Tisch abgedeckt war, saßen wir noch eine Weile und unterhielten uns. Bei dieser Gelegenheit fragte ich Großvater nach den Bildern auf seinem Schreibtisch. Ich wollte nicht neugierig sein, aber ich hatte die Bilder nun schon so oft gesehen und wollte jetzt gern wissen, was das für Gesichter sind, entfernte Verwandte oder Freunde oder wer sonst?
Großvater erzählte: „Ich habe vor ein paar Jahren mal wochenlang im Krankenhaus gelegen. Da hatte ich viel Zeit. Und weil ich zu schwach zum Lesen war, dachte ich nach ... Ich ließ mein ganzes Leben vor meinen Augen ablaufen und stellte fest, daß ich eigentlich immer ziemlich viel Glück mit Menschen gehabt hatte.
„Damals überlegte ich auch, zu wem ich nett und zu wem ich nicht nett gewesen war. Das alles hat mich lange beschäftigt. Und dabei ist mir dann klar geworden, was ich seither nicht mehr vergessen habe:
„Mein Leben lang bin ich immer wieder in entscheidenden Augenblicken Menschen begegnet, die mir geholfen haben ... Ich kann euch ein paar von ihnen zeigen", sagte er und ging mit uns an seinen Schreibtisch.
„Und wie haben sie dir geholfen?" fragte ich ihn.
„Wie sie das gemacht haben? Der hier zum Beispiel war mein Lehrer für Französisch und Englisch. Er hat mir auf die Beine geholfen, als ich beinahe sitzengeblieben wäre. Er hat mich und

einen Mitschüler zu sich nach Hause bestellt und uns in ein paar Tagen gezeigt, wie man richtig lernt. Das stimmt tatsächlich: Man kann das Lernen lernen ... Und der hier mit dem Vollmondgesicht war mein Chef in der Lehre. Er hat mir weitergeholfen, einfach indem er mir zuhörte und mich ernst nahm."

So erzählte er von jedem etwas anderes. Manche hatten erkannt, zu was er zu brauchen war und ihn an andere weiter empfohlen ... oder hatten ihn gewarnt, wenn er beinahe etwas falsch gemacht hätte ... oder ihm nur gesagt „wo es langgeht", ihm also den richtigen Weg gezeigt. Zwei-, dreimal haben ihm „Lotsen" sogar das Leben gerettet ...

„Wieso ‚Lotsen'?" fragte ich. „Du bist doch kein Kapitän ..."
„Nein, das nicht", sagte er. „Ich nenne sie meine ‚Lotsen', weil sie meinem Lebensschiff die Richtung gegeben haben. Die meisten sind schon tot, aber in meiner Erinnerung leben sie weiter. Von einigen habe ich ein Bild hier unter der Glasplatte. Da habe ich sie immer vor Augen und kann mit ihnen reden ... Ich glaube, jeder Mensch hat seine ‚Lotsen', ... er erkennt sie nur nicht. Ich habe meine ‚Lotsen' ja auch erst damals erkannt, als ich im Krankenhaus lag."

Einer seiner ‚Lotsen' war der Lehrer, bei dem er mit sechs Jahren das Lesen und Schreiben gelernt hatte. „Und was ist aus dem netten Lehrer geworden?" fragte ich. – „Ich bin ihm nach vierzig Jahren wieder begegnet", sagte Großvater. „Ich hatte ihn in einem Restaurant erkannt. Er saß allein, und ich stellte mich ihm vor und fragte, ob ich mich einen Augenblick zu ihm setzen dürfte."
Und dann erklärte ich ihm, daß ich bei ihm lesen und schreiben gelernt hatte und daß ich mich heute dafür bei ihm bedanken wollte ... ‚Vielleicht erinnern Sie sich noch?'
‚Was stellen Sie sich vor?' fragte der Lehrer, der sich wohl von einem fremden Menschen belästigt fühlen mochte. ‚Lesen und schreiben habe ich mehr als tausend Schülern beigebracht. Und da soll ich mich ausgerechnet an Sie erinnern? Was denken Sie sich eigentlich? Wenn da jeder käme ...' – „Ich bat um Entschuldigung und setzte mich verlegen wieder an meinen Tisch ..."
Ich fragte Großvater, ob er jetzt den Lehrer immer noch nett fände ... – „Aber ja", sagte er, „es bleibt doch dabei: Er hat mir Lesen und Schreiben beigebracht ..."

Großvater erzählte noch mehr solche Geschichten von „Lotsen" die ihm in seinem Leben geholfen hatten ... Oft hatten sie das selbst garnicht gewußt ...
„Mein Leben wäre anders verlaufen", sagte er zum Schluß, „wenn ich ihnen nicht begegnet wäre ..."

Was Vater hätte tun sollen, als er ohne Geld auf der Straße stand.

Vater hat unterwegs sein Geld verloren

Donnerstag, 12. Juli frisch und stürmisch

Heute mittag bin ich Vater in der Stadt begegnet. Ganz unerwartet. Ich kam vom Sport und wollte pünktlich zum Essen zuhause sein.
Vater war in Gedanken, fast wären wir zusammengestoßen. – „Ist was los?" fragte ich. – „Nein, nichts ..." sagte Vater. „Gut, daß ich dich treffe ... Kannst du mir etwas Geld geben? Ich habe meine Geldbörse verloren ... Dummerweise habe ich heute morgen meine Brieftasche nicht eingesteckt ..."
„Ist dir mit fünf Mark gedient?", fragte ich. Mehr hatte ich nicht bei mir. – „So viel brauche ich garnicht", sagte Vater. „Es genügt schon, wenn du das Fahrgeld für mich auslegst ..."
Wir fuhren zusammen nachhause. Vater war ziemlich verlegen. Daß ihm das ausgerechnet mit mir passieren mußte ...

„Was hättest du denn getan, wenn du nun Toby nicht begegnet wärst?" wollte Luna von Vater wissen. – „Darüber denke ich schon die ganze Zeit nach", sagte Vater. „Die Bank war geschlossen. Die Läden hatten Mittagszeit. Das Auto stand in der Tiefgarage, und ich konnte es ohne Geld nicht einlösen ..."
„Du hättest Geige spielen können", meinte Luna. „Und deinen Hut auf den Boden legen ..." – „Wie kommst du auf Geige?" fragte Vater. „Du weißt doch, daß ich garnicht Geige spielen kann ..."
Luna meinte: „Dann wäre schließlich nur ein Schild auf der Brust die letzte Rettung gewesen: ‚Wer leiht mir fünf Mark? Ich habe mein Geld verloren ...'"
Warum nicht? fanden wir alle. Man kann das Geld ja später zurückzahlen ...

Die Frage nach der Tugend

Samstag, 14. Juli
Regen gießt

Wir haben eine Arbeit geschrieben. Sollten sagen, welche Wörter altertümlich klingen und nicht mehr gebraucht werden und welche neuen Wörter es gibt. Heute brachte Herr Federspiel die Hefte zurück ...
Im allgemeinen war er mit unseren Arbeiten zufrieden, aber er sagte, das Thema sei verfehlt. Von ihm selber. Denn woher sollten wir wissen, wie man früher gesprochen hat? Er nannte Beispiele, die wir dann durchsprachen.
Zum Beispiel: ‚Barmherzigkeit' sagt keiner mehr. Man steckt lieber eine Mark in die Sammelbüchse. – ‚Habgier?' ... Heute will jeder ‚haben', aber nicht ‚geben'. – ‚Neid?' ... „Ja, gibt es in der Klasse!" riefen mehrere. – ‚Dankbarkeit?' ... „Nein danke!" sagte Wolf-Dieter – ‚Pflicht?' ... Was ist denn das? – ‚Duldsamkeit?' = Toleranz ... kann man suchen. Dabei würde Toleranz uns oft helfen in dieser Zeit – ‚Tugend?' ... wie bitte? – ‚Erbarmen?', ‚Weisheit?', ‚Wohltat?', ‚Demut?'. ‚Güte?' ... du meine Güte! – gut, daß es läutete ...

Ich hätte gern eine Zeichnung dazu gemacht. Aber wie könnte ich zum Beispiel ‚Duldsamkeit' zeichnen? oder ‚Tugend'? Wie könnte man sie fotografieren? Es kommt mir fast so vor, als gäbe es das alles noch, nur will keiner davon sprechen ...

Großvater hat mir einen alten Bücherkatalog geschenkt, zum Zerschneiden. Ich habe diesen Holzschnitt aus dem Mittelalter in mein Tagebuch geklebt: Ein Blinder trägt einen Lahmen auf dem Rücken, und der Lahme sagt ihm den Weg. Einer hilft dem andern in seiner Not ...

Hier oben wohnt Robert irgendwo. „Da kennst du sicher viele Leute im Haus?" fragte ich. – „Fast niemand. Man grüßt sich vielleicht im Fahrstuhl, aber sonst kümmert sich keiner um den andern", sagte Robert ...

Wohnen im Hochhaus und Zukunftsfragen

Donnerstag, 19. Juli herrliches Sommerwetter

Robert war jetzt schon ein paarmal bei uns. Er ist 24, studiert Medizin und will später Arzt werden. Ein netter großer Mensch. Die Eltern und Luna mögen ihn auch leiden.
Robert wohnt ganz in der Nähe. Mit dem Moped ist er in zehn Minuten bei uns. Er wohnt in einem Hochhaus, in einem Zimmer im 16. Stock oder so ... Wenn er zu uns kommt, sagt er: „Endlich mal wieder unter Menschen ..."
Gestern war ich oben bei ihm. Unheimlich hoch. Was die wohl machen, wenn da mal die Fahrstühle ausfallen?
Wenn man in seinem Zimmer sitzt, sieht man durch das Fenster nur Himmel und Wolken. Aber kein lebendiges Wesen, keinen Baum, keinen Strauch, keinen Schmetterling und keinen Rauch. Nicht mal Falken oder Turmschwalben gibt es da oben. Nur Stille. Kein Vogelruf, keine Kinderstimme, nur Fahrstuhlgeräusche, sonst nichts. Keiner kennt den andern. Unheimlich. Auf die Dauer hält Robert es da auch nicht aus. In fünfzig Jahren, meint er, stehen solche „Termitenhügel", wie die Bewohner sagen, leer. Zuerst fahren die Fahrstühle nicht mehr ... Alle müssen die Treppen zu Fuß rauf- und runterklettern ... Dann fällt die Elektrizität öfter aus ... Schließlich will keiner mehr da wohnen. Die Häuser stehen verlassen, die Ruinen verfallen.

Ich fragte Robert, wie er sich das Leben in zwanzig Jahren vorstellt ... – „O, das ist lange hin", meinte er. „Wenn alles so weitergeht, ohne Krieg, ohne umstürzende Ereignisse, dann habe ich alle Prüfungen hinter mir, bin Arzt an einem Krankenhaus, bin verheiratet, habe vielleicht zwei Kinder, ein eigenes Haus und hoffentlich immer noch viele Pläne ..."

„Aber so weit denke ich garnicht", sagte er. „Inzwischen kann sich so viel ereignet haben, und die ganze Welt kann bis in unseren Alltag hinein so verändert sein, daß einem schwindlig werden könnte ... Nein, mich beschäftigt nur die nächste Zukunft, nur die! Ich studiere das Leben, ... wie man lebt ..."

Ich wollte noch wissen, was er von der Atomkraft hält ... – „Da schaue ich nicht durch", sagte er. „Vor ein paar Jahren hieß es, Uran sei ein billiger Brennstoff, und es gäbe soviel davon, daß man den Abbau zeitweilig gestoppt habe. Und Atomkraft sei die billigste Energie. ... Und jetzt sagt man, die Uranvorkommen würden bis zum Ende des Jahrhunderts aufgebraucht sein, und allein die Entsorgung soll Milliarden kosten! Und die lebensgefährliche Strahlung der Abfälle soll über Jahrtausende hinweg andauern. Man hört auch, daß die heutigen Reaktoren bereits überholt seien und daß es bereits bessere gäbe ..."
„Ich frage mich", sagte Robert, „warum man nicht wartet, bis die besseren erprobt sind ... Und wer kann es verantworten, daß wir künftigen Generationen über Jahrtausende hinweg strahlende Abfälle hinterlassen ...? Wo ist da die Wahrheit?"

Das frage ich mich auch ... Robert geht, wenn er mit seiner Ausbildung fertig ist, zurück in seine Heimat nach Nigeria, und da will er bleiben ...

In zwanzig Jahren ist vieles anders

Freitag, 20. Juli
heißes Sommerwetter

Beim Abendessen erzählte ich von meinem Besuch bei Robert und von unserem Zukunftsgespräch. Vater meinte, in zwanzig, dreißig Jahren würde vieles anders, aber manches nicht viel anders sein als heute.
Autos, meinte er, gäbe es sicher noch, nur würden sie ein bißchen anders aussehen und bestimmt einen anderen Antrieb haben... Das Straßenbild wäre dann vielleicht bunter als heute, weil Richtungs- und Geschwindigkeitshinweise, Fahrradwege, Fußgängerüberwege, Einbahnstraßen usw. rot, gelb oder leuchtend blau auf die Fahrbahnen gemalt wären...
Auf der Weltkarte wird man wahrscheinlich große Überraschungen erleben. Niemand könnte heute voraussagen, welche Städte, Länder, Grenzen es nicht mehr geben würde...
Luna überlegte: Die meisten berühmten Leute, die heute jedes Kind kennt, werden dann vergessen sein. Aber keine Angst: Es gibt Säuglinge, denen man nicht ansieht, daß sie später einmal weltberühmte Leute sein werden, von denen dann jedermann spricht...
Mutter meinte: Wir würden einmal vielleicht vieles mit großem Appetit essen, was heute noch in Forschungslaboratorien geprüft wird: zum Beispiel Algen aus den Meeren und heute noch unbekannte Fischarten, die auch gut schmecken sollen.

Heute werden die berühmten Leute von morgen geboren. Man sieht ihnen nur noch nicht an, was sie einmal werden, ein bedeutender Politiker, ein genialer Erfinder, eine gute Lehrerin oder einfach... ein Mensch?

Und dann meinte sie, es würden auch viele Krankheiten von heute nicht mehr geben und dafür vielleicht andere, die wir noch nicht kennen...
Und ich sagte: Wahrscheinlich wird auch die deutsche Rechtschreibung dann sehr viel einfacher sein und nicht mehr so viele Regeln haben, über die oft selbst die Erwachsenen im Zweifel sind...

Zum Schluß sagte Vater: Vielleicht gäbe es dann auch keine Kriege mehr. Wenn die Politiker erkannt haben, daß die Probleme nicht mit Gewalt oder durch Kriege, sondern nur durch internationale Übereinstimmung gelöst werden können... Kriege sind Verschwendung von Menschen, Geist und Werten. Die eingesparten Milliarden könnten statt für Rüstungsausgaben für weltweite Entwicklungspläne, für Katastrophenschutz und -hilfe verwendet werden. Die jungen Leute aller Länder müßten nicht mehr gegen andere junge Leute kämpfen, gegen die sie keinerlei Feindschaft verspüren, sondern sie könnten für den internationalen Not- und Katastropheneinsatz ausgebildet und geübt werden... Zum Beispiel bei Überschwemmungen, Erdbeben, Waldbränden, Dammbrüchen, Hungersnöten, bei Bergunfällen, Schnee- und Sturmkatastrophen oder als Entwicklungshelfer usw.

Mehr habe ich von unserem Gespräch nicht im Kopf behalten, aber es lohnt sich, darüber nachzudenken und in zwanzig Jahren zu lesen, was wir heute vorausgesehen haben...

Ein Menschenleben von siebzig Jahren sind rund 26 000 Tage. Simon hatte 26 000 Sandkörnchen in eine Tasse gezählt. Sie bedeckten gerade den Tassenboden.

Eine Tasse voll Sand
Der Mensch, das Maß aller Dinge

Sonntag, 29. Juli heißes Sommerwetter

Sommerferien. Wieder in N. an der Ostsee. Wohnen in einem kleinen Hotel am Strand. Ich habe mich mit einem Jungen am Nebentisch angefreundet. Simon ist 15 Jahre alt, sportlich, schwimmt bei jedem Wetter, auch wenn es kalt ist.
Heute morgen stand eine Tasse mit etwas Sand neben seinem Frühstücksteller. – „Was soll denn das sein?" fragte ich neugierig. – „Na, rate mal!" sagte er. Ich wußte es nicht. Keine Ahnung.
„Das ist ein Menschenleben in Sandkörnern", erklärte er. Sein Großvater war gerade siebzig Jahre alt geworden. Simon wollte sich vorstellen, wieviel das ist, wieviele Tage das sind. Ungefähr 26.000 Tage... Er überlegte: Wenn ich für jeden Tag ein Sandkörnchen zähle...
Und er hatte gezählt. Zunächst tausend Körnchen auf einem Teller. Dann hatte er mit einem Teelöffel 26 gleich große Häufchen gemacht und alles in die Tasse geschüttet. Und siehe da: Der Tassenboden war gerade eben mit Sand bedeckt...
„Willst du mal nachzählen?" fragte Simon. – „Nein danke, ich glaube es dir..." sagte ich. – Ich dachte: 26.000 Tage sind nicht viel, gerade ein Tassenboden voll Sand...
„Was hat denn dein Großvater für einen Beruf gehabt?" fragte ich Simon. – „Er war Kapitän auf großer Fahrt." – „Schöner Beruf", sagte ich. „Da hat er sicher viel von der Welt gesehen. Und immer auf Schiffen unterwegs..."

„Jetzt möchte er nicht mehr", sagte Simon. „Die Riesentanker... und die dollen Containerschiffe... nein, die sind ihm zu groß. Kein Verhältnis mehr zum Menschen..."
Ich wollte wissen, wie er das meinte. – Simon erklärte: „Mein Großvater sagt immer: Der Mensch muß in seinen Verhältnissen bleiben. Alles hat sein Maß. Und für den Menschen ist der Mensch das Maß aller Dinge, hat schon ein alter Grieche gesagt..."
Das hatte ich auch schon öfter gehört. Wir überlegten: Der Mensch mißt also alles mit seinem Maßstab. Ein ausgewachsener Mensch ist etwa 175 cm lang (Frau 160 cm). Er geht normal 4–5 km in der Stunde. Kann nicht schneller laufen als bestenfalls 100 m in 10 Sekunden. Sehen, hören usw. kann er nur auf begrenzte Entfernungen, und im entscheidenden Augenblick (z. B. beim Autofahren) kann er manchmal die Lage nicht schnell genug überblicken. Der Mensch hat also sein Maß, aber auch seine Grenzen.
Er braucht, je nachdem, wie schwer seine Arbeit ist, 2.500 bis 6.000 Kalorien am Tag; mit weniger als 1.500 Kalorien müßte er langsam verhungern... Andere sterben, weil sie zuviel essen...

Schon bei den alten Ägyptern waren alle Dinge, die der Mensch braucht, nach seinem Maß: das Bett, der Stuhl, der Tisch. Wohlgemerkt: nach dem Maß des Erwachsenen! So sind es auch heute noch die Türen, die Treppenstufen, Messer, Gabel und Löffel, die Badewanne, die Sitzhöhe des Klo und der Postbriefkasten...
Es gibt auch ein Kindermaß, aber das erwachsene Maß ist das normale... Gut, daß die Menschen nicht 3 m groß werden, sonst würden sie sich bei Tisch genauso dumm fühlen wie die kleinen Kinder... Oder wie Simons Großvater auf dem Riesentanker.
Jetzt liegt der alte Kapitän leider im Krankenhaus. Ist mit seinem Auto zu schnell gefahren. Konnte nicht mehr mit 100 km/h denken. Ich las einmal: Von Natur ist der Mensch auf fünf Stundenkilometer eingerichtet...

Alles um uns herum ist nach den Maßen eines Erwachsenen gemacht: Der Stuhl hat eine Sitzhöhe von 45 cm, der Tisch ist 70–75 cm hoch, eine Tür etwa 2 m hoch, eine Treppenstufe 18 cm hoch. Und der Handlauf am Treppengeländer ist 90 cm hoch angebracht.

Moderne Ruinen in zwanzig Jahren: stillgelegte Atomkraftwerke, nur von fern zu besichtigen, da sie noch „strahlen". Auch lange danach noch ...

Alles für den Menschen

*Montag, 30. Juli
heißes Sommerwetter*

Sommerferien. Habe mir noch einmal unser Gespräch von gestern überlegt. Wenn man es genau nimmt, hat der Mensch alles um uns herum gemacht oder mindestens nach seinen Bedürfnissen verändert... Wohin wir auch sehen, zuhause und draußen – alles vom Menschen nach seinem Maß und nach seinem Bedarf gemacht: die Wohnung mit allem, was darin ist, die Straße mit ihren „Möbeln": mit Laternen, Verkehrszeichen, Haltestellen, Briefkästen, Sitzbänken, Plakatsäulen, Hydranten, Telefonkabinen, unterirdischen Kanälen. Sogar die Bäume sind vom Menschen gesetzt.

Fährt man aus der Stadt heraus, dann ist auch da alles vom Menschen hergerichtet. Die Wälder sind gerodet oder neu angelegt, die Felder bebaut, Schienen und Autostraßen, Brücken und Tunnels, Fabriken, Häfen, – ich brauche nur aus dem Auto zu schauen, überall sehe ich die Hand des Menschen. Alles nach seinem Maß und Bedarf...

Er bestimmt, welche Tiere und Pflanzen für ihn nützlich sind und welche als Schädlinge ausgerottet werden müssen. Dabei räumt er überall gründlich auf; ganze Tierarten verschwinden; man hört kaum noch Vögel singen. Flüsse und Seen und Meere und sogar die Luft werden von ihm vergiftet; er weiß kaum noch, wohin er mit seinen Abfällen, Abwässern, Abgasen soll. Das lernen wir schon in der Schule.

Ich überlege: Das werden wir alles einmal übernehmen. Wir jungen Leute müssen es besser machen. Wir müssen wiedergutmachen, was nicht bedacht wurde... Ich sehe, es gibt einmal viel für uns zu tun...

Es gibt noch viele schöne, natürliche Landschaften. Aber wie lange noch? Immer finden sich Gründe für den Bau einer neuen Autobahn, eines Flugplatzes, eines Atomkraftwerks... Und keiner kann das aufhalten...

Rätselhaft, wie die Vögel durch das Zweiggewirr hindurchschießen, als sei es durchlässig wie Wasser.

Vogelflug und fliegender Mensch

Mittwoch, 1. August in der Stadt

Ich lag im Fenster und sah den Vögeln zu. Die Schwalben schossen hin und her durch die Luft, in die Bäume hinein, als seien sie durchlässig wie Wasser... durch das Blatt- und Zweigwerk hindurch, ohne anzustoßen, und auf der anderen Seite wieder hinaus... um das Nachbarhaus herum...
Rätselhaft, warum sie nicht anecken, wie sie so schnell jedem Hindernis ausweichen, nicht mit anderen Vögeln zusammenprallen... Wie orientieren sie sich so blitzschnell?...
Unerklärliches technisches Wunder der Natur...
Ich sehe, wie Sperlinge, Tauben, Amseln sich aus dem Flug auf einem Ast niederlassen, höchst waghalsig auf einer schwankenden Zweigspitze... Todsicher landen sie, halten ihr Gleichgewicht, mühelos. Stürzen niemals ab. Stundenlang könnte ich ihnen zuschauen...

Ich sah die Tauben auf dem Kirchturmdach. Sie saßen auf der Dachrinne friedlich nebeneinander und blickten in die Weite und in die Tiefe und wurden doch nicht schwindlig. Wie auf Verabredung flogen sie auf, umkreisten flatternd und schwebend den Turm und zogen in weiten Kreisen über Straßen, Häuser, Plätze...
Ich flog in Gedanken mit ihnen, genoß das Gefühl des Schwebens, Fliegens, Kreisens... Sah ohne Angst und Schwindel hinab auf die Bäume, die Dächer, die Autos, die Leute...
Am Haus gegenüber landeten die Tauben vor einem offenen Dachfenster und pickten aus der Regenrinne die Körner, die eine alte Frau ihnen zuwarf...

Das motorlose Flugzeug „Gossamer Albatross". Vorn am langen Leitwerksträger sitzt das kleine Leitwerk. Die Kabine ist mit Kunsthaut verkleidet. Flügelspannweite: 29 m. – „Gossamer" heißen in England die Fäden des Altweibersommers, gesponnen von sehr kleinen Spinnen, die daran im Herbst durch die Luft segeln ... Falls mal jemand unerlaubt in meinem Tagebuch schmökert: Das weiß ich aus einem alten Konversations-Lexikon.

Kann auch der Mensch fliegen? Wir unterhielten uns gestern nach dem Abendessen darüber. Ich hatte etwas von einem Muskelkraftflieger gelesen. Vater hatte die Zeitungsausschnitte noch und schenkte sie mir.
Eine tolle Sache! In meinen Büchern steht noch: „Jahrtausende hindurch war es der Traum des Menschen, mühelos zu fliegen wie die Vögel..." Jetzt ist der Traum in Erfüllung gegangen. Im August 1977. Nur: Als sich dann der erste Mensch mit eigener Kraft vom Boden erhob und davonschwebte... und ganze sieben Minuten und zwanzig Sekunden in der Luft blieb, da war das Fliegen... eine *saure Arbeit*...
Derselbe Mann, der amerikanische Leistungssportler *Bryan Allen,* 26, überquerte als erster Muskelkraftflieger am 12. Juni 1979 den Ärmelkanal. In einem motorlosen Flugzeug „Gossamer Albatross" (Konstrukteur: *Paul MacCready),* angetrieben allein von der Muskelkraft seiner Beine. Für die 36 km lange Strecke vom englischen Folkestone zum französischen Cap Gris-Nez brauchte Allen 2 Stunden 40 Minuten.
Das federleichte Flugzeug, eine ausgeklügelte Konstruktion aus Kunststoffrippen und -rohren und -häuten und Klavierdraht, wog nur 31 kg...
Der Flug über den Kanal forderte alle Kräfte des Piloten. Denn er mußte in der durchsichtigen Kunsthautkabine unablässig die

Pedale der Fahrradkonstruktion treten. Bryan Allen, erfolgreicher Rennradfahrer und Drachenflieger, trat sein Bestes...
Er flog 2–3 m, zeitweise nur 30 cm über dem ruhigen Wasser...
Vierzig Minuten vor dem Ziel überfiel den Flieger ein schmerzhafter Krampf im rechten Bein. Er konnte nur noch mit dem linken Bein treten. Dennoch hielt Allen eisern durch...

Der Siegespreis für die erste Überfliegung des Kanals mit Menschenkraft betrug 100 000 englische Pfund (etwa 400 000 DM).
Das alles weiß ich aus den Bildberichten von damals.

Das Auge kann sehen, gibt aber kein Licht. Französische Briefmarke aus dem Jahr 1975

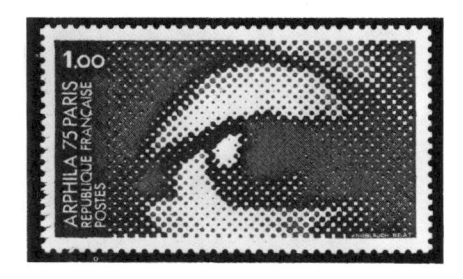

Die Dinge leben nicht

Donnerstag, 9. August wieder am Strand

Mit Simon kann man gut zusammen nachdenken. Heute hatten wir ein Gedanken- oder Denkspiel, wie ich es öfter mit Luna spiele:
Die Dinge – das ist alles, was Menschen geschaffen haben, um sich das Leben angenehmer, leichter und schöner zu machen.
Unendlich viele Dinge umgeben uns...

Ohne den Menschen sind die Dinge tote Gegenstände:
Das Buch liest sich nicht selber,
Messer, Gabel, Schere sind leblos,
die Noten geben keinen Laut von sich,
der Schrank füllt sich nicht selbst,
das Fahrrad fährt nicht allein, der Fußball spielt nicht mit sich,
der Fernseher kann nicht sehen und hören,
das unbewohnte Haus ist ein sinnloser Kasten,
die von niemandem benutzte Straße ist leer und tot...

Erst wenn der Mensch sie gebraucht, bekommen die Dinge Sinn und Leben.

(Dieses Gedankenspiel kann man endlos fortsetzen und abändern. Zum Beispiel:)
Die Laterne gibt Licht, kann aber nicht sehen...
...Das Auge kann sehen, gibt aber kein Licht...

Flohmarkt, von einem Fenster aus fotografiert. Ich habe beobachtet, daß die meisten Menschen sich aus dem Wege gehen. Sie wollen sich nicht berühren. Und wenn einer im Gedränge einen andern stößt, dann entschuldigt er sich. Das ist eine Spielregel. Kaum einer sieht den andern an, das finde ich merkwürdig. Ich sehe allen ins Gesicht ...

Sonntag, 12. August heiß, nachmittags heftige Wolkenbrüche

Wie man Menschenkenntnis erwirbt

Heute vormittag brachte ich Herrn Professor Kukk den geliehenen Hagenbeck zurück. Ich durfte in sein Büchergebirge klettern, um das Buch wieder an seinen Platz zurückzustellen. Diesmal suchte ich mir ein Buch über Menschen der Vorzeit aus – nur zum Ausleihen.
„Warum gerade das?" fragte Professor Kukk. Ich mußte ihm erzählen, was mich alles interessiert. „Ja, ja", sagte er. „In jedem Kind steckt ein Verhaltensforscher. Das fängt schon beim Säugling an. Er erkennt die Stimme seiner Mutter, beobachtet ihr Mienenspiel, ihre Bewegungen, ihr Verhalten. Daraus entwickelt sich unbewußt sein eigenes Verhalten. Mit den „Jahren", sagt der Professor, „gewinnt jeder aus seinen Erfahrungen eine gewisse Menschenkenntnis..."
Menschenkenntnis? Darüber hätte ich gern mehr gewußt. Wie erlangt man sie? Der Professor erklärte mir das ganz einfach so: „Jeder begegnet in seinem Leben vielen Menschen, jungen und alten, gesunden, kranken, Frauen, Männern und Kindern jeden Alters, dicken und dünnen, armen und reichen, guten und schlimmen. Jeder hinterläßt beim anderen gewissermaßen ein Bild von sich. Und man weiß dann, wenn man später einmal einem ähnlichen Typ begegnet: Der erinnert mich an den und den, und der war so und so. Ungefähr stimmt das meist, und

man verhält sich dem „Neuen" gegenüber entsprechend den Erfahrungen mit dem „Ersten", also vertrauensvoll oder vorsichtig und so weiter..."

Der Professor sagte dann noch: „Jeder Mensch hat etwas Bestimmtes im Aussehen, in der Art zu sprechen, zu gehen, zu essen, im Blick und in den Bewegungen und etwas Typisches in seinem Charakter. Und fast jeder hat einen „Doppelgänger", der ihm ähnlich ist, mindestens in einigen Zügen.

„Der eine ist bescheiden, der andere tut nur so, der dritte ist grob und aggressiv, und in Wirklichkeit ist er ängstlich oder gar feige. Im Lauf der Jahre lernt man die verschiedenen Typen kennen, unterscheiden, schätzen oder vielleicht bedauern. So ähnlich sie sich vielleicht sind, so verschieden sind sie auch, die Menschen". – Ja, soviel von meinem Besuch bei Professor Kukk. Menschenkenntnis ist also auch eine Art „Know-how" = Lebenstechnik...

Der Holzschnitt aus der Bibel paßt hierher, obwohl er schon 500 Jahre alt ist: Einer sieht den Splitter im Auge des Bruders, bemerkt aber den Balken im eigenen Auge nicht... Oder: Du siehst die kleinen Fehler des anderen, aber die eigenen großen nicht! Die Bibel ist voller Beispiele, wie sich Menschen verhalten, sagte Mrs. Millener ...

Beim Spielen lernt man sich kennen

Mittwoch, 15. August heißer Tag

„Beim Spielen lernt man die Menschen am besten kennen", hat Onkel Jo neulich gesagt. Gestern konnte ich es ausprobieren. Ich war mit Luna zu ihrem Mitschüler Hercules eingeladen. Er ist Franzose und hat viele Freunde. Es war sehr lustig, viel Kuchen, Limonade und viele Spiele. „Monopoly" war das beliebteste.

Wir saßen zu sechst um das Spielbrett und kauften wie gerissene Geschäftsleute Häuser, Straßen, Hotels, Eisenbahnen. Hercules, der das Spiel schon oft gespielt hat, wußte Bescheid, wie man schnell zu Geld kommt und wie man es gewinnbringend anlegt. Wir anderen waren vorsichtiger, kamen manchmal sogar ins Gefängnis. So hart ist das Spiel ...

Ich bin sonst nicht sehr für Gesellschaftsspiele. Aber diesmal paßte ich wie ein Luchs auf. Ich begriff schnell die Spielregeln und beobachtete genau, wie sich die andern fünf benahmen. Hercules als Bankhalter verdiente, kaufte und nahm Zinsen und Mieten ein wie ein Alter. Luna war vorsichtig und sparsam. Magnus hatte schnell heraus, wie Hercules es machte. Er besaß am Schluß eine ganze Straße mit wertvollen Häusern. Antje versuchte es mit Mogeln und Eva schlief, wenn sie am Zuge war. Jeder verriet, ohne es zu wollen, seinen wahren Charakter...

Als wir nach Hause gehen mußten, war das Spiel noch nicht zuende. Aber ich glaube, wir alle hatten uns von einer neuen Seite kennengelernt...

Straßenbummel und Probleme

Donnerstag, 16. August
drückend heiß

Ich weiß nicht warum, aber manchmal halte ich es zuhause nicht aus. Dann gehe ich, auch wenn ich hinterher noch Schulaufgaben machen muß, in die Stadt und bummele. Da lasse ich mich treiben, sehe in die Schaufensterauslagen und denke oft: Es gibt doch unendlich viel zu kaufen, was wir nicht brauchen... Dabei fällt mir ein: Was soll ich Mutter zum Geburtstag schenken?

Ich bin gern unter Menschen. Am liebsten bin ich in der Fußgängerzone. Da gibt es immer etwas zu sehen: Musikanten und Sänger, ein Wanderprediger, gestern war ein Zauberer da, mitten in der Anlage. Ein großer Kreis von Neugierigen sah ihm zu, wie er aus einem kleinen Glas unendlich viel Wasser in einen großen Eimer goß... Wie er das machte, hätte ich gern gewußt. Aber da kam er schon mit dem nächsten Trick, er holte ein Seidentuch aus der Luft...
Und dann die Händler mit Küchenmessern, Glasschneidern, Fleckenmitteln, die den Umstehenden eine Vorstellung geben: wie man blitzschnell Kohl schneidet, Fensterscheiben auf Maß zustutzt und schlimme Tintenflecken entfernt... Manchmal bringe ich von diesen Bummeleien ein paar Fotos mit nachhause...

Ich glaube, keiner bei uns ahnt, was in mir vorgeht. Auch mit Luna kann ich nicht über alles sprechen, obwohl sie mir die Nächste ist... Aber sie hat ihre eigenen Probleme.
Alle sind nur mit sich beschäftigt... Andererseits bin ich froh, daß keiner mich fragt oder bedrängt. Es ist schön, allein zurechtzukommen...
Neulich war eine Freundin von Mutter bei uns. Ich hörte ihr zu, ohne viel zu sagen. Als ich dann in mein Zimmer gegangen war, klopfte sie an und fragte, ob sie mich mal besuchen dürfte. Sie

würde gern sehen, wie ich meine Umgebung „gestaltet" habe...
Sie fragte mich, ob die Bilder an den Wänden meine
Lieblingsbilder wären und was ich am liebsten läse. Und ob ich
einen älteren Freund oder irgendein Vorbild hätte... einen
berühmten Menschen zum Beispiel... Nein, sagte ich, ich hätte
kein Vorbild, jeder Mensch ist ja anders... Sie ging noch eine
Weile in meinem Zimmer umher und schaute sich alles an. Dann
ging sie, etwas enttäuscht, weil ich so stumm war. Mir hat es
einfach nicht gefallen, daß ein fremder Mensch mich ausfragen wollte...

Vetter Lars als Erfinder

Donnerstag, 23. August
sonniger Tag

Zufälle gibt es! Da hat Vater zufällig den Chef von Lars kennengelernt. – „Wie macht der Junge sich denn?" fragte Vater. „Ist er immer noch Bote bei Ihnen?"
„Der Lars, der ist in Ordnung. Wir haben ihn jetzt als Lehrling eingestellt..." – „Das freut mich aber für ihn", sagte Vater. „Er hatte es ja in der Schule nicht leicht gehabt und war stolz, daß er bei Ihnen arbeiten durfte."
„Stellen Sie sich vor, der junge Mann ist kaum vierzehn Tage bei uns, da hat er schon eine gute Idee... Eine große Doppeltür, eine Schwingtür zwischen zwei Arbeitsräumen, klemmte. Der Werkmeister sagt zu Lars: Holen Sie mal den Tischler; er soll das gleich in Ordnung bringen... Lars kommt zurück, der Tischler ist krankgemeldet... Was machen wir nun? fragt der Werkmeister ratlos... Ich habe eine Idee, sagt der Junge... Da bin ich aber gespannt, was für eine Idee Sie haben... Ganz einfach, sagt Lars, verzichten Sie doch auf die Schwingtür. Die hält den Betrieb doch nur auf..."
„Und wie ging es weiter?" fragte Vater. – „Der Werkmeister findet die Idee großartig und schlägt sie mir vor. Ich frage, wie er auf die Idee gekommen ist, und da erzählt er mir, daß der neue Bote den Vorschlag gemacht hat. Darauf habe ich gesagt: Den Jungen behalten wir. Der kann bei uns was werden. Wir nehmen ihn als Lehrling in unsere Lehrwerkstatt. Und da ist er jetzt..."

Alle Achtung! Wenn ich daran denke, wie wir uns noch vor ein paar Wochen über ihn lustig gemacht haben...

Freitag, 24. August

Heute nachmittag besuchte mich Mustafa, mein türkischer Mitschüler. Ich erklärte ihm, wie ich meine Briefmarken nach Motiven ordne: Porträts berühmter Leute, Tiere, Schiffe, besonders schöne Marken usw. Dann zeigte ich ihm meine Bildersammlung. Ich habe schon einen ganzen Kasten voll mit Ausschnitten aus Zeitungen und Illustrierten. Wir unterhielten uns lange und am Schluß kam Luna dazu...

Ich träumte, es wäre Krieg...

*Sonntag, 26. August
herrliches Sommerwetter*

Ich träumte heute nacht, es wäre Krieg. Wir waren im dunklen Keller dabei, Koffer und Kisten mit Büchern zu füllen und vor den Kellerfenstern aufzutürmen. Als Schutz gegen Bomben und Splitter... Zwei Kerzenstummel auf dem alten Küchentisch gaben nur schwaches Licht. Ich hatte Angst... Manchmal donnerte es in der Nähe...
Von dem Lärm wurde ich wach. Es war noch halbe Nacht. Das Fenster in meinem Zimmer stand einen Spalt weit offen, und von Zeit zu Zeit klappten die Rolläden unter heftigen Windstößen...
Ich lag lange auf dem Rücken und überlegte. Das war also der Krieg... Ich erinnerte mich an eine Unterhaltung, die wir auf einer Eisenbahnfahrt in den Ferien im Speisewagen mitgehört hatten. Am Nebentisch saß eine Familie, vierköpfig wie wir, Eltern und zwei Jungen:
„...ob Pappi im nächsten Krieg mitkämpfen würde?... Könnten wir nicht einfach in die Schweiz?... mit unseren Verwandten und Freunden... der nächste Krieg wird ja sicher ein Atomkrieg..."
„Du, Vater..." hatte ich damals gesagt und Vater (der wohl ahnte, was ich fragen wollte): „Man hört nicht mit, was am Nebentisch gesprochen wird..." – Da war wieder mal der unbekannte „man", der sich so gut benimmt...
Ich lag noch lange wach und grübelte. Warum muß es Kriege geben? Haben die erwachsenen Menschen keine anderen Möglichkeiten, wenn sie sich streiten? Man kann doch miteinander reden...
Großvater erzählt öfter vom Krieg und von der schlimmen Zeit, in der es manchmal lebensgefährlich war, zu wissen, zu fragen und zu reden ...
Vater sagt: Es darf niemals wieder Krieg geben. Der würde alle kaputt machen, – auch die Unbeteiligten!
Ich schaue da nicht durch. In der Zeitung steht täglich etwas über Aufrüstung, Waffenlieferungen, Kriegsgefahr und Krieg an allen Orten. Aber nie ein Wort davon, wie die Unbeteiligten sich retten können... Heulende Warnsignale werden erprobt, aber keiner erklärt, was man tun muß, wenn es mal ernst wird. Ich habe noch nie gehört, wie man uns in Sicherheit bringen will oder wohin wir uns in den Schreckensstunden verkriechen sollen...

*Zum Bild gegenüber:
In der Zeitung war mal ein Bild von der Explosion der zweiten Atombombe. Ich habe es mir ausgeschnitten. Ich grüble darüber nach: Was mögen das für Menschen sein, die solche Waffen ausdenken, entwickeln, bauen und gegen wehrlose Menschen einsetzen lassen? Was denken sie sich dabei? Die Völker wollen Frieden, wer macht dann die Kriege?*

Ich hörte, daß man in der Türkei ganze unterirdische Städte mit Straßen und Wohnungen gefunden hat. Sie sollen vor vielen Jahrhunderten entstanden sein... Um die Bevölkerung vor dem Feind zu schützen, vermuten heute die einen, – die anderen: um Truppen für einen Überfall zu verstecken ...

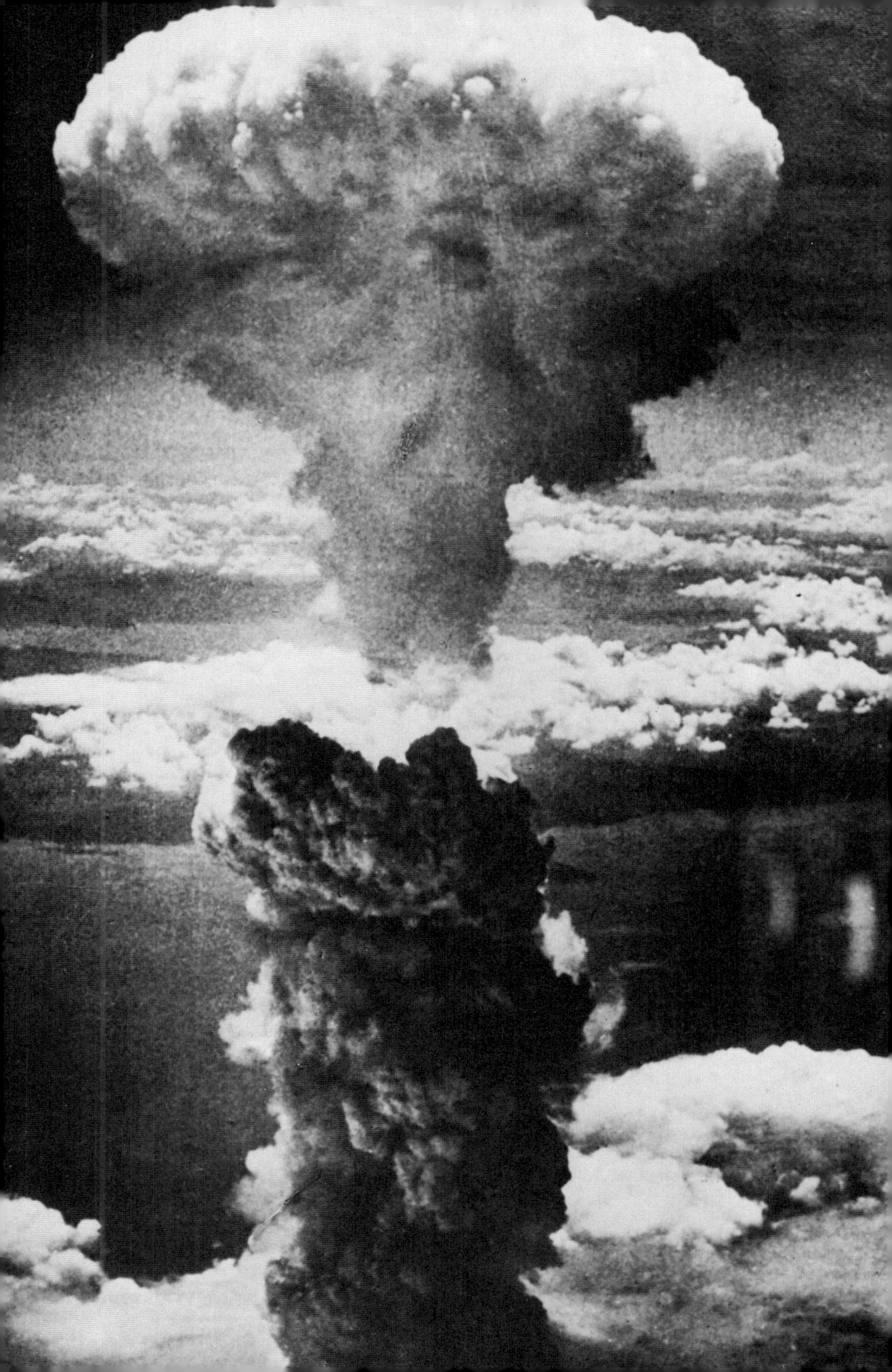

Weltall, Erde, Mensch und Tier

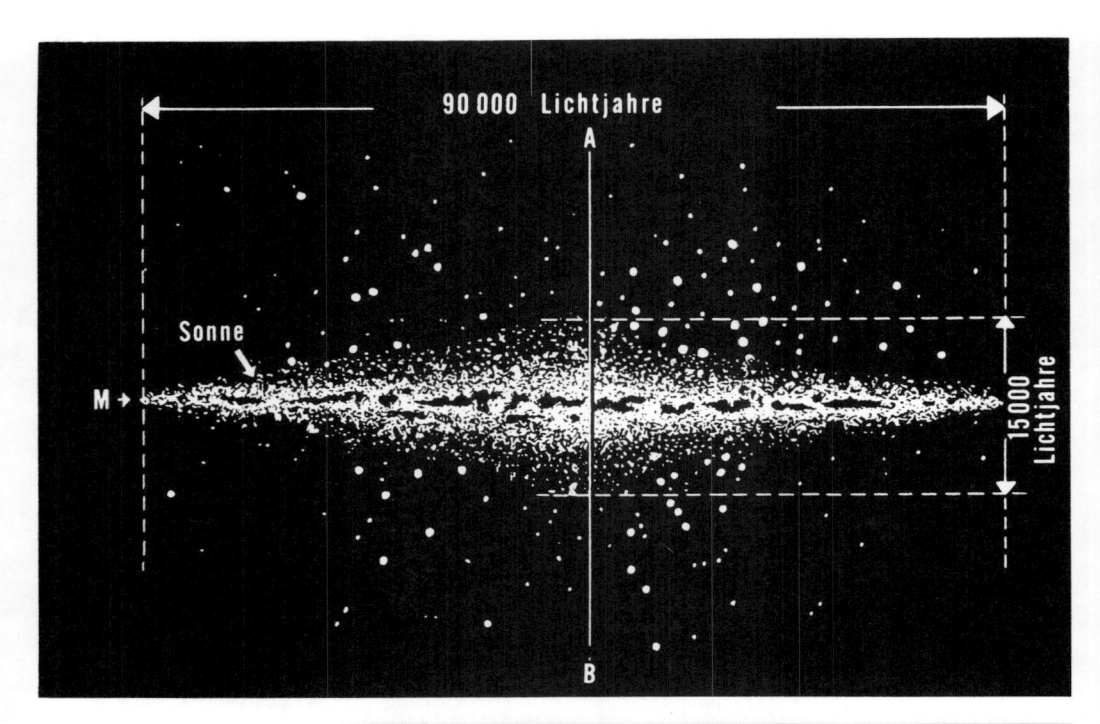

*Größenverhältnisse:
In unserem Milchstraßensystem ist „unsere" Sonne mit ihren neun Planeten nur ein Staubkorn im Weltall, – etwa 25 000 Lichtjahre vom Zentrum der Milchstraße entfernt.
In der gesamten Milchstraße sind etwa 220 Milliarden Sonnen vereint. Unvorstellbar! Aber so steht es in meinem Schülerkalender.*

Rechts: Nur ganz wenige Menschen haben bisher die Erde frei schwebend als Kugel im Weltraum gesehen. Im Dezember 1968 erlebten die Astronauten im amerikanischen Raumschiff „Apollo 8", nach ihrer ersten Mondumrundung, wie die Erde über dem Mond „aufging".

84

Aus meiner Bildersammlung

Der Mensch: Denker, Erfinder, Macher. Durch seine Technik der Schnellste zu Lande, zu Wasser und in der Luft. In Gefahr, aus Macht-, Besitz-, Gewinngier sich selbst auf der Erde auszulöschen ...

Wie groß ist das Weltall? Wie klein ist der Mensch?

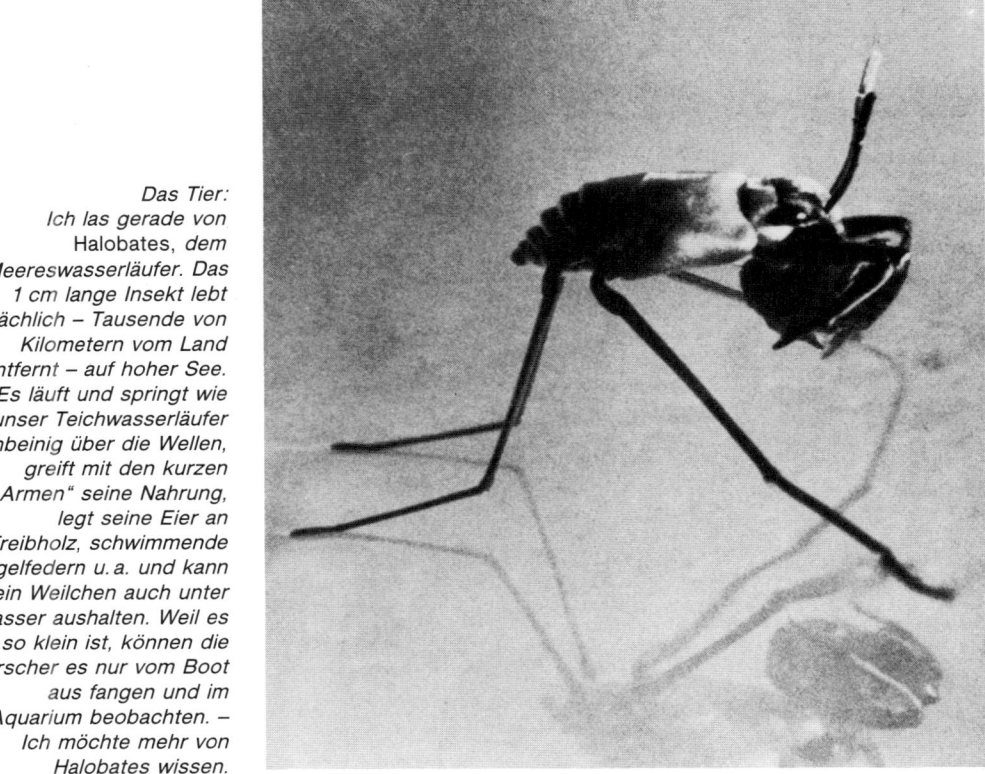

Das Tier: Ich las gerade von Halobates, *dem Meereswasserläufer*. Das 1 cm lange Insekt lebt tatsächlich – Tausende von Kilometern vom Land entfernt – auf hoher See. Es läuft und springt wie unser Teichwasserläufer hochbeinig über die Wellen, greift mit den kurzen „Armen" seine Nahrung, legt seine Eier an Treibholz, schwimmende Vogelfedern u. a. und kann es ein Weilchen auch unter Wasser aushalten. Weil es so klein ist, können die Forscher es nur vom Boot aus fangen und im Aquarium beobachten. – Ich möchte mehr von Halobates wissen.

Luna macht sich Gedanken

Donnerstag, 30. August
tagsüber warm,
abends kühlte es ab

Manchmal fühle ich mich doch ziemlich allein. Luna versteht mich noch am besten. Gestern fragte sie mich: „Hast du was? Du bist so still und stumm in letzter Zeit...?"
Nein, ich habe nichts. Ich kann selber nicht sagen, was ich habe. Manchmal Stimmungen, dann bin ich nicht zum Reden aufgelegt.

Ich überlege: Wie bin ich? Kein Kind mehr, das steht fest... In ständiger Veränderung... Vor einem Jahr hätte ich nichts in mein Tagebuch schreiben können. Während ich jetzt die anderen beobachte, werde ich mir auch über mich selbst klarer.

Ich lebe in einer „heilen" Familie, aber nicht in einer heilen Welt. Um uns herum ist Unfrieden, Streit, Mord, Aufruhr, Krieg, – das Fernsehen bringt es uns täglich ins Haus... Aber ich will ja keine Weltgeschichte schreiben, sondern nur das, was mich bewegt...

Luna hat irgendwo dieses Gedicht einer amerikanischen Schülerin gefunden und für mich übersetzt:

Viele möchten

Viele möchten allein sein,
viele möchten weinen.
Viele möchten umarmt und gestreichelt werden,
und es gibt viele Gründe dafür warum...

Manche fühlen sich ganz verwirrt,
andere können sich nicht aussprechen.
Manche mögen nicht um die Ecke gehen.
Sie fürchten sich vor dem, was ihnen begegnet...

Was die Leute möchten, ist sehr verschieden,
das ist leicht zu verstehen.
Viele stehen auf ihren eigenen zwei Füßen,
während andere eine Hand brauchen...

Christi Keegan, 16 Jahre alt

Ich denke über den Sinn des Lebens nach

Dienstag, 4. September
warm und sonnig

Luna brachte das Thema aus der Schule mit. Sie sollen sich auf eine Prüfungsarbeit vorbereiten: Über den Sinn des Lebens. Luna ist verzweifelt. Keiner kann ihr eine brauchbare Auskunft geben, auch Vater nicht. Alle, die sie fragt, antworten mit Redensarten oder Sprichwörtern. Nichts, was sie selbst gedacht haben. Einer sagt: Schlag nach bei *Goethe!* Da steht: „Der Zweck des Lebens ist das Leben selbst". Damit kann Luna aber nichts anfangen. Sie braucht keine Zitate, sagt sie...

Ich habe mir auch den Kopf darüber zerbrochen. Gestern fiel mir ein: Man müßte die Leute auf der Straße fragen. Vielleicht trifft man da einen Philosophen, der sich verständlich ausdrücken kann...

Also hängte ich mir am Nachmittag den Kassettenrecorder um, nahm das Mikrophon zur Hand und ging in die Fußgängerzone. Da sind immer Leute, die Zeit haben...

Ich fragte einfach drauflos. Zuerst einen gleichaltrigen Jungen. Hielt ihm das Mikrophon unter die Nase und fragte: „Augenblick mal! Kannst du mir sagen, was der Sinn des Lebens ist? – „Was für'n Sinn?" fragte er zurück. „Keine Ahnung!" – Ein Mädchen: „Muß das gleich sein?" – Ein alter Mann mit Pfeife: „Mal nachdenken... nee, weiß ich nich!" – Eine junge Frau, vielleicht eine Lehrerin: „Wofür willst du das denn wissen?" – Ich: „Nur so, für mich." – Sie: „Na, dann denk mal schön nach!" – Ein Student vielleicht: „Kann man so kurz nicht beantworten. Komm mal morgen wieder!" – Die meisten stotterten, sagten „Weiß ich nicht" oder auch „Ich kann keinen Sinn drin sehen!"...

Onkel Jo hat mir als Widmung in ein Buch geschrieben: „Du sollst der werden, der du bist!" Die Mahnung stammt von dem Philosophen *Friedrich Nietzsche*. Ich möchte später mehr von ihm lesen...

„Werde, der du bist!" – Herr Federspiel sagte, das sei so gemeint: Wenn wir geboren werden, sind wir gewissermaßen schon im Entwurf vorhanden. Aber erst im Laufe unseres Lebens wird sichtbar, was wir aus dem Entwurf gemacht haben...

Herr Federspiel sagte noch: Wir sollten uns über unsere Begabungen und Kräfte klar werden. Und das Beste daraus machen... Wir sollten uns aber nicht ständig nur mit unseren eigenen Problemen beschäftigen, sondern auch für andere Menschen dasein... und daran denken, daß wir alle Teil eines Ganzen sind, einer Gemeinschaft, in der jeder für den anderen verantwortlich ist...

Ich glaube, ich habe verstanden, was Herr Federspiel meint.

Onkel Jo war heute nachmittag bei uns und besuchte mich auf meinem Zimmer. „Ich habe noch etwas für euch gefunden", rief er. „Der Sinn des Lebens ist, daß wir für uns selbst und für die anderen leben, hat der französische Philosoph Jean-Paul Sartre gesagt. Habe ich eben gelesen".

Ich finde: Wer nach dem Sinn des Lebens fragt, sollte auch an die Natur denken: Wozu lebt das Tier? die Pflanze? der Baum? Sie leben, das ist alles. – Meine Frage: Muß denn alles einen „Zweck und Sinn" haben? Muß der Mensch für alles eine Erklärung finden? – Seinem Leben muß jeder selbst einen Sinn geben, denke ich...

Von der Plakatsäule, zwischen Werbung für Zigaretten, Bier, Theater, Rockkonzerten, spricht eine Stimme: „GOTT ist Liebe."

Luna zerbricht sich immer noch den Kopf über ihre Prüfungsarbeit. Ich erzählte heute beim Abendessen, was ich bisher herausbekommen hatte, und es gab dann ein langes Gespräch zu viert. Es begann mit ganz praktischen, irdischen Gedanken und endete schließlich spät abends in ernsten religiösen Überlegungen. Am Schluß sagte Luna: „Ihr habt mir schön beim Nachdenken geholfen. Jetzt weiß ich doch ungefähr, was ich schreiben werde..." – Nun sind wir gespannt, was für Luna der Sinn des Lebens ist...

Wir zeichnen Menschen im Kaffeegarten

Donnerstag, 6. September
Regentag

„Am schwersten ist es, Menschen zu zeichnen", sagte Herr Hollbein vorige Woche. Wer Lust hätte, könnte mal am Samstagnachmittag mit ihm in den Kaffeegarten am Schillerdenkmal gehen. Da könnte man Alltagsmenschen studieren und zeichnen. Sechs meldeten sich, und zwölf kamen. Wir trafen uns draußen am Eingang. Herr Hollbein war erschrocken. „So viele!" jammerte er. „Da fallen wir ja auf!..." Aber Herr Hollbein hatte gleich eine neue Idee: Wir sollten die Menschen nicht zeichnen, sondern nur beobachten und uns ihre Haltung und Bewegung einprägen. Zuhause sollten wir dann zeichnen, was wir noch im Gedächtnis hatten. Darauf sammelte er unsere leeren Zeichenblöcke und Heftchen ein und verstaute sie in seiner Umhängetasche.

Außerdem sollten wir einzeln, nicht alle auf einmal hineingehen und uns unauffällig, weit voneinander getrennt, hinsetzen und so tun, als ob wir uns nicht kennen.

Soweit, so gut. Ich ging als erster auf einen der langen Tische los und fragte, ob da noch Platz wäre. Saß auf einmal mitten zwischen den Leuten und beobachtete sie unauffällig, wie Herr Hollbein gesagt hatte. Ich erschrak, als ich sah, wie die übrigen elf sich ebenso unauffällig zwischen die Leute klemmten, eine Cola bestellten und die Alltagsmenschen anschauten. Es war zum Totlachen...

Aber ich bezwang mich und beobachtete... Hier konnte ich endlich mal Menschen in aller Ruhe studieren, wie ich es schon lange vorhatte...

Zwei Stunden saß ich da. Die Leute um mich herum kamen und gingen, Eltern mit ihren Kindern, die im Garten herumtobten, Rentner, hübsche Mädchen, junge Paare... keiner blieb lange sitzen... sie rauchten, besonders die jungen Leute...

Sie unterhielten sich mit ihren Nachbarn über den Tisch weg. Eigentlich interessierte mich nichts davon. Ich wartete immer, daß einer eine Geschichte erzählte. Irgendetwas aus seinem Leben... Aber nichts davon...

Was wir zwölf dann zuhause aus dem Gedächtnis zeichneten, war nicht erschütternd. Aber doch besser, als wir es vorher

Es ist schwer, aus dem Gedächtnis Menschen zu zeichnen, die man nur kurz gesehen hat. So ungefähr sah es im Kaffeegarten aus, als wir ihn mit Herrn Hollbein besuchten.

gekonnt hatten, ziemlich richtige Figuren, keine „Männchen" mehr wie früher...

Ich habe jetzt schon vielen Erwachsenen zugehört. Keiner ist wie der andere. Aber fast alle haben Angst vor irgendwem, vor ihrem Chef, vor der Polizei, dem Arzt, dem Nachbarn, vor einem Brief vom Finanzamt oder vom Rechtsanwalt, vor dem Krankenhaus, dem Gericht, dem Friedhof...
Mutter war das noch nicht genug. Sie sagt, die Erwachsenen haben auch Angst vor Krieg, Tod und Gewitter, vor dem Alleinsein und dem Altwerden, vor der Dunkelheit und – vor Mäusen und Ratten... nicht alle haben Angst davor, aber viele...

Sonntag, 9. September sonnig und warm

Es gibt viele, die die Spielregeln verhöhnen. Sie treiben Schabernack, ärgern andere, setzen Abfallkörbe in Brand, zerstören Telefonzellen und machen noch Schlimmeres...
Und dann die Rücksichtslosen. Sie kümmern sich nicht um die Spielregeln und rühmen sich sogar damit... Sie nennen die anderen, die sich an die Spielregeln halten, „schön dumm". Man trifft sie zum Beispiel im Verkehr, auf dem Parkplatz, am Postschalter und überall, wo andere warten müssen...

Wer nicht lesen kann, ist arm dran

Samstag, 15. September es regnet

In meiner Klasse gibt es drei, vier Jungen, die noch nicht fließend lesen und leserlich schreiben können. Und die eine Rechtschreibung haben wie ein Urmensch... Zuhause lesen sie nur Comics und starren in die Röhre.
In meiner Klasse sind auch ein paar Mädchen, die am Schreiben keinen Spaß haben. Sie krakeln wie die Raben, unleserlich. Herr Federspiel sagt: Lesen und Schreiben sind Wunder... Zum Beweis hat er uns eine Geschichte erzählt:

So stelle ich mir die Unterhaltung zwischen William Mariner und dem König von Tonga vor. Wie die beiden wirklich aussahen, weiß auch Herr Federspiel nicht.

Der berühmte englische Meteorologe *William Mariner* besuchte um 1800 die Tonga-Inseln ostwärts von Australien und südlich von Samoa. Sie wurden wegen ihrer liebenswürdigen Eingeborenen von dem Weltumsegler *James Cook* „Freundschaftsinseln" genannt.

Als der König von Tonga, der ein gescheiter Mann war, damals zum erstenmal einen Brief zu sehen bekam und hörte, daß man darin Gedanken verschickt, wollte er es nicht glauben. Er bat Mariner, zum Beweis etwas auf ein Papier zu schreiben. Mariner fragte, was er schreiben sollte. – „Mich", sagte der König. Mariner schrieb den Namen des Königs und las ihn laut vor. Dann ließ er den Steuermann rufen und ließ ihn vorlesen, was auf dem Papier stand. Auch er las den Namen des Königs laut vor... Der König griff nach dem Papier und sagte, er könne nichts sehen, was ihm irgendwie ähnlich sehe, nicht Augen noch Ohren, nicht Kopf und nicht Beine...

Erst nach weiteren Versuchen glaubte der König, den Zauber verstanden zu haben: Er meinte, daß zwei Eingeweihte sich mit bestimmten Zeichen über gewisse Entfernungen hinweg über etwas Vorhandenes verständigen könnten. Und so war es ja auch...

Als Mariner nun aber auch den Namen des bereits vor Jahren verstorbenen alten Herrschers auf Papier schrieb und der Steuermann ihn laut vorlas, geriet der König außer sich. Er hielt nunmehr die Schreib- und Lesekunst für eine außerordentlich gefährliche Zauberei und verbot, sie seinen Untertanen beizubringen...

„Wer nicht lesen kann, ist arm dran!" sagte Herr Federspiel. Er kann nämlich kein Straßenschild, keinen Stadtplan, kein Telefonbuch, weder Atlas noch Kochbuch, Kalender oder Wörterbuch lesen. Gefährlich wird es, wenn er eine Gebrauchsanweisung, zum Beispiel für ein Medikament, nicht lesen kann. Warnungsschilder wie „Halt!", „Vorsicht!", „Notausgang" und andere, die man im Ernstfall blitzschnell lesen muß, müssen die Leseschwachen erst mühselig entziffern...

Noch etwas sagte Herr Federspiel: Wer nicht lesen kann, der läßt sich das größte Vergnügen entgehen: den Spaß am Lesen. In Büchern kann man die Welt kennenlernen und Gleichgesinnte finden. Manche Bücher sind wie lebenslange Freunde. Mit Büchern ist man nie allein...

Die Leseschwäche hält Herr Federspiel nicht bei allen für eine Krankheit. Er meint, viele hätten nur das Lesen und Schreiben nicht gleich von Anfang an richtig gelernt. Und nun gibt er ihnen nach dem Unterricht noch eine Stunde „Lesen und Schreiben". Ich würe gern mitmachen, denn bei Herrn Federspiel macht alles Spaß...

Hier wollte ich eigentlich eine Briefmarke von Tonga einkleben. Aber es gab nur ganz teure zu kaufen, rund oder herzförmig, geprägt und mit Golddruck...

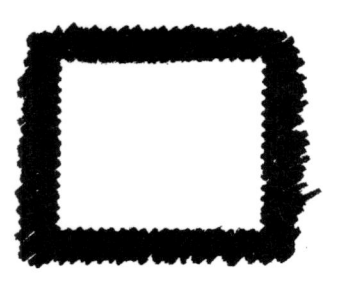

Herr Federspiel sagt: Kein Mensch schreibt später so, wie er es in der Schule gelernt hat. In seiner Handschrift zeigt sich der Mensch, sagt er. Ich schreibe ja auch nicht schön. Habe mir deshalb das Muster aus meiner ersten Fibel sauber abgeschrieben und will mir jetzt eine eigene Handschrift angewöhnen.

a b c d e f g h i j
k l m n o p qu r s
ß t u v w x y z
A B C D E F G H I J
K L M N O P Qu R S
T U V W X Y Z

Schreiben und Lesen, sagt Herr Federspiel, muß man lange üben. Ohne Übung kann man ja auch nicht Rad oder Auto fahren oder Klavier spielen. Er möchte auch zu keinem Zahnarzt gehen, der nicht lange genug „geübt" hat...

Niemand konnte mir sagen, was der Höhlenmensch wohl getan hat, als er den Fremden erspähte...

Was wird der Urmensch tun?

*Sonntag, 23. September
sommerlich warm*

Ich interessiere mich für den Urmenschen und möchte gern wissen, wie er gelebt hat. Mehr als in Büchern steht. Und mehr, als wir in der Schule gelernt haben... Unser Biologielehrer, Herr Haase, hat uns erklärt: Genaues kann man nicht sagen; aus Knochenfunden und Werkzeug und Waffen der Frühzeit und aus Felszeichnungen kann man nur vermuten... Also will ich auch etwas vermuten:
Vor Urzeiten, vielleicht vor 50000 Jahren hat eine kleine Gruppe von drei Familien eine Höhle als Wohnung bezogen. Sie ist ihr Treffpunkt, wenn sie auf die Suche nach Früchten, Beeren, Pilzen, Würmern ausziehen. Vielleicht haben sie Glück und können ein Kaninchen, ein Rehkitz oder einen Vogel erbeuten und heimbringen...
In der Nacht schlafen sie auf und unter Fellen in der Nähe des wärmenden Feuers...
Eines Morgens bei Sonnenaufgang steht einer der Männer am Eingang zur Höhle und schaut in die Ferne... Da entdeckt er weit, weit weg einen Punkt, der sich bewegt: ein Mensch!
Ein Einzelner! Was hat der wohl vor? Allein geht kein Mensch durch die Wildnis, schon gar nicht durch die Nacht... Er kommt näher. Hat er die Höhle gesehen? Wird er die Hände an den Mund legen und rufen: Hallo, Mann! Wo geht es hier zur nächsten Wasserstelle? oder so ähnlich...
Nein, das konnte er nicht. Es gab ja noch keinen Weg und keinen Steg... Hauptsächlich: Es gab noch keine Sprache, in der er fragen und der andere ihn verstehen konnte...
Jetzt überlege ich: Was wird der Höhlenmensch tun? Wird er abwarten, bis der Fremde vorübergegangen ist, oder wird er ihm entgegengehen und ihn zum Frühstück einladen? Oder wird er die anderen Männer der Gruppe wecken? Oder wird er sich ratlos in den Hintergrund der Höhle zurückziehen?...
Gewiß kann es keiner sagen... Drohend liegt die Keule am Eingang...

Wenn damals ein Autobus vorbeifuhr, wackelten die Häuser, sagt Großvater.

Großvater erzählt, wie laut es früher war

Donnerstag, 27. September sonnig, nachmittags Regenschauer

Luna und ich hören gern zu, wenn jemand erzählt, wie es früher war... „Was wollt ihr denn wissen?" fragt Großvater dann. Und wir: „Erzähl doch einfach irgendetwas aus deiner Kinderzeit... Was damals anders war, als es heute ist..." – Und dann legt er los:
„Damals... das war vor siebzig Jahren in Berlin... war ich noch ein Kind. Es war tiefster Frieden... der Erste Weltkrieg noch nicht ausgebrochen... Ja, wie war das damals?
Alles war ganz anders als heute. Nein, stiller war es nicht auf der Straße... Pferdehufe klappten... Autos hupten laut ‚töff töff'... Radfahrer klingelten... Straßenbahnen bimmelten und Autobusse ratterten über das Kopfsteinpflaster... ein Leierkastenmann spielte auf dem Hof, aus den Fenstern wurden ihm Pfennige, in Papier eingewickelt, heruntergeworfen...
Aus den Küchen hörte man nachmittags Tellerklappern und den Gesang der Dienstmädchen... Schusterjungen polterten mit Holzpantinen über die Straße... Pferde wieherten... Kutscher riefen ‚Brr!' und ‚Hüh' und knallten mit der Peitsche...
Sperlinge zwitscherten überall... Kanarienvögel sangen in Wohnungen und Werkstätten... und Kirchenglocken läuteten...
Lumpensammler, Scherenschleifer, Schausteller, Händler von Obst und Gemüse, von Holz und Kohlen riefen von Hof zu Hof aus, was sie anzubieten hatten... Ladenglocken schepperten... freitags wurden Teppiche auf den Hinterhöfen ausgeklopft...
Taubenzüchter ließen ihre Brieftauben weite Kreise durch die Lüfte ziehen und winkten sie mit kleinen Fähnchen zurück in den Taubenschlag...
Man hörte Mundharmonika und Grammophon... ein Löschzug der Feuerwehr, mit Pferden bespannt, galoppierte mit Glockengebimmel vorüber..."

Bis hierher hat es mir Großvater für mein Tagebuch diktiert... wobei er viele Pausen machte, weil er nachdenken mußte.
Dabei waren das nur die Geräusche. Er konnte ebensoviel über die Gerüche erzählen, – es war damals schon laut in den

Städten und es roch auch. Aber das Wort „Umweltverschmutzung" war noch nicht bekannt.

Großvater war damals noch ein Kind. Für ihn lag die Welt im tiefsten Frieden. Ein paar Jahre später war alles vorbei. Der Erste Weltkrieg hatte begonnen...

Großvater erzählt, wie man alt wird

Donnerstag, 4. Oktober warm aber freundlich, Wildgänse ziehen fort

„Wie ist das, wenn man alt wird?" fragte ich Großvater. – „Warum interessiert dich das?" fragte er zurück. „Du bist doch noch so jung." – „Gerade deshalb", sagte ich. Ich fürchte mich manchmal vor dem Älterwerden. Kindsein ist doch ganz schön. Man hat ziemlich viel Freiheit und fast keine Verantwortung. Nur die Zwischenzeit jetzt gefällt mir nicht; ich bin kein Kind mehr und noch kein Erwachsener...
Vor dem Erwachsensein habe ich auch etwas Bammel. Aber erst, wenn man immer älter wird, so um die dreißig oder vierzig. – „Sag, wie ist das, wenn man so alt wird, ist das schlimm?" fragte ich Großvater.
(Während ich das jetzt in mein Tagebuch schreibe, stelle ich mir vor, wie unser Gespräch verlaufen war. Möglichst Wort für Wort. So kann ich mich am besten erinnern).
„Nicht so schlimm", sagte Großvater. „Aber auch ganz schön – beides! Als ich fünfzig wurde, bekam ich zum erstenmal einen Schreck. Ich fühlte mich noch als junger Mann und hatte doch schon zwei Drittel des Lebens hinter mir... Und jetzt? Die Zeit ist so schnell vergangen, daß es mir vorkommt, als wäre ich verzaubert. Das kann doch nicht wahr sein, denke ich...".
„Würdest du gern nochmal jung sein?" fragte ich.
„Auf keinen Fall", sagte Großvater. „Aber ich habe noch viel vor und brauche dafür Zeit. Wenn man alt und älter wird, dann wird auch die Zeit immer knapper. In der Jugend kann man die Zeit noch verschenken, ... aber später muß man mit jedem Tag rechnen... Jede Stunde kann die letzte sein..."
„Was hast du denn noch vor?" fragte ich. Du kannst doch jetzt dein Leben genießen, hast keine Pflichten, keine Verantwortung, mußt keine Prüfungen mehr bestehen... Ich stelle mir das schön vor."
„Nicht ganz so schön", sagte Großvater. „Wenn man alt ist, muß man ständig auf der Hut sein. Man darf nicht stolpern oder fallen, sonst bricht man sich die mürben Knochen... Im Bus muß man sich wie auf einem Schiff gut festhalten, sich vorwärtshangeln... Sitzen ist besser als stehen... Man darf nicht leichtsinnig über die Straße laufen... Dem Gedränge muß man aus dem Wege gehen, man könnte sonst umgerannt werden... Die Radfahrer, die heutzutage auf den Gehwegen Slalom fahren, erschrecken uns oft... Treppensteigen und Schwere-Pakete-tragen strengen an... Im Dunkeln muß man

Wenn man alt wird, darf man vieles nicht mehr. Zum Beispiel: rennen, sagt Großvater

doppelt gut aufpassen, denn alte Menschen sehen und hören nicht mehr gut ... Man darf nicht krank werden!"
„... Und dann die vielen Unbequemlichkeiten: Wenn man Flaschenverschlüsse oder Kunststoffhüllen, Sardinenbüchsen oder Durchdrückpackungen für Medizinkapseln öffnen will, kann man sich die Fingernägel abbrechen. Die Fabrikanten denken nicht an die Verbraucher! ... Alles geht langsamer, nur die Uhr geht schneller ..."
„Und dann", sagte er, „kann man als alter Mann vieles nicht mehr machen. Du weißt ja, daß ich mich für Menschen interessiere. Wenn ich jetzt zum Beispiel auf der Straße Leutefotografieren oder zeichnen wollte, ginge das nicht, dazu muß man jung aussehen. Oder wenn ich mich auf dem Sportplatz unter die jungen Leute mischte, würden alle mich erstaunt ansehen ... Ich darf mich auch auf keinen Streit einlassen; ich würde mich ja nur lächerlich machen. Auch deine Großmutter würde das nicht tun ..."
Ich fragte, wie es nun weitergehen würde. Großmutter sorgt ja für ihn; sie ist eine tolle Hausfrau. Sie haben keine Geldsorgen; ihre Rente oder Pension oder was sie bekommen, reicht ...
„Davon zahlen wir", sagte Großvater, „auch noch Steuern, die für Autobahnen, Soldaten, Atomforschung, Kinderheime und für lauter Dinge verwendet werden, von denen wir nichts mehr haben ... Aber jeder zahlt für die andern mit, und das ist ja auch gut so ..."
Und was für Pläne hatte er? Ich weiß ja, daß er sich niemals langweilen würde ...
„Ich brauche ja nicht mehr zu arbeiten", sagte Großvater, „aber ich bin ausreichend damit beschäftigt zu leben. Und meine Zeit sinnvoll einzuteilen. Mir macht es zum Beispiel Spaß, mit dir zu zeichnen und zu basteln. Ich freue mich, wenn ich Jüngeren zuhören und ihnen Rat geben kann ... Ich habe angefangen aufzuschreiben, was ich alles erlebt habe und was euch später vielleicht mal interessiert, meine Geschichten ... Jeden Tag ein paar Absätze ... Ich lese Bücher, die ich schon immer lesen wollte, telefoniere und schreibe Briefe ..."

Als kleines Kind kann man gerade über die Tischkante hinweggucken. Wenn man größer geworden ist, hat man einen besseren Überblick, einen größeren Horizont. Der Gesichtskreis erweitert sich, wenn man älter wird...

Außerdem weiß ich, daß er sich auch sonst noch nützlich macht und überall gebraucht wird. Am liebsten würde er ein Haus für junge und alte Leute einrichten. Mit einer Nähstube, in der gegen ein Taschengeld kleine Ausbesserungen gemacht würden, mit einer Schreibstube und einer kleinen Reparaturwerkstatt für jedermann, mit einer Sammlerecke, etwa zum Briefmarkentausch, einer Märchenecke, in der vorgelesen wird. Und einer Stube für Schularbeiten und Nachhilfe...
„Man könnte auch Arbeiten mit nach Hause nehmen", sagte er. „Zum Beispiel Adressen schreiben, Briefe in fremde Sprachen übersetzen, kleine Botengänge machen, Hemden ausbessern, Knöpfe annähen"... Keiner brauchte sich zu langweilen, meint Großvater, und jeder würde Anschluß an andere nette Leute finden, an jüngere und ältere..."

Auf dem Flohmarkt habe ich für dreißig Pfennige diese drei Pappschilder gekauft. Im Park machte ich einen Versuch und legte zum Spaß die Schilder auf eine freie Bank. Keiner, der vorbeikam, wagte sich dorthin zu setzen. So ein Schild genügt sicher, und niemand wird sich trauen, im vollen Konzertsaal auf einem leeren Stuhl Platz zu nehmen. Aber lesen muß man können...

Nach dem Rock-Konzert
und: Die Erwachsenen

Sonntag, 14. Oktober
schönes Herbstwetter

Seit ein paar Tagen nichts mehr eingetragen. Aber heute ...
Gestern abend nach dem Rock-Konzert wollten die anderen noch nicht gleich nach Hause gehen. Warum ich nicht mitkommen wollte ... – „Hat dein Alter dir keinen Hausschlüssel mitgegeben?" – „Ich habe immer den Hausschlüssel bei mir", sagte ich. – „Na, dann komm doch!" drängten sie mich. „Deine Alten werden sich dran gewöhnen müssen." – „Ist gar nicht nötig", sagte ich, „ich kann heimkommen, wann ich will. Aber bei uns sagt jeder, wo er ist. Auch mein Vater ... Und außerdem räuchert es mir zu sehr." – „Du kannst doch miträuchern, oder verbietet dein Alter dir das Rauchen?" – „Nein," sagte ich, „aber bei uns zu Hause raucht keiner!" Und damit zog ich meiner Wege ...

Rauchen ist für mich kein Zeichen von Erwachsensein ... Ich finde überhaupt nicht alles gut, was Erwachsene tun. Onkel Rainer sagt immer: „Ich will ja nicht kritisieren, ich stelle nur fest ..." Und so stelle ich auch nur fest:

Die Erwachsenen reden zuviel von Streß und wie anstrengend ihre Arbeit ist ... Bestimmt sind viele Berufe anstrengend, zum Beispiel Verkäuferin. Die müssen den ganzen Tag stehen und sollen immer freundlich sein. Aber es gibt sicherlich auch viele „müde" Berufe. Zum Beispiel am Schreibtisch. Zahnarzt dagegen ist anstrengend. Muß oft stehend arbeiten. Oder Briefträger. Muß täglich viele Treppen steigen. Oder Lehrer, der seine Lehrkraft gleichzeitig auf dreißig oder mehr Kinder ausstrahlen muß. Was für eine Kraft muß dazu gehören, so viele verschiedene Geister zu fesseln. Ich bewundere das. Besonders, weil ich selber in der Schule oft mit meinen Gedanken woanders bin ...

Ich sagte schon: Viele Erwachsene stöhnen über die Arbeit. Aber mit ihrer Freizeit wissen sie nichts besseres anzufangen als wieder zu arbeiten, die Wohnung tapezieren, eine Garage bauen, den Garten umgraben, das Auto waschen ... und dann

Wer sich die Zeit vertreibt, weiß nichts Rechtes mit ihr anzufangen, sagt Großvater. Aber ausruhen, nachdenken, spielen, zuschauen sind für ihn kein Zeitvertreib, sondern Lebenskunst, sagt er. Wer dazu noch Humor hat, ist ein Lebenskünstler ...

sofort damit herumfahren, irgendwohin, nur nicht zuhause bleiben ... Viele verkaufen ihre Freizeit auch, indem sie für andere gegen gutes Geld schwarz arbeiten ...

Dann fällt mir noch ein: Sie fragen immer: ‚Was hat das gekostet?' oder: ‚Wieviel bezahlen sie Ihnen dafür?' – Geld spielt eine unheimliche Rolle in ihren Gesprächen ...

Aber ich will nicht kritisieren, sondern nur feststellen, – wie Onkel Rainer ...

Spielregeln kann man fotografieren ...

Mittwoch, 17. Oktober
sonniges Herbstwetter

Luna ist heute auf dem Heimweg von einem Auto angestoßen worden. Auf dem Fahrradweg parkten ein paar Autos, und sie mußte auf der Straße fahren. Ganz rechts natürlich. Ein Auto überholte sie und drängte sie dabei an die Bordkante. Luna ist auf den Bürgersteig gestürzt, aber glücklicherweise ist ihr nichts passiert. Der Autofahrer hat sich nicht umgesehen, ist einfach weitergefahren ...

Am Abend unterhielten wir uns noch lange über parkende Autos auf Radfahrwegen, über rücksichtsloses Fahren und über Fahrerflucht. Denn das war es ja wohl ...

Auch noch einmal mit Vater über die sogenannten Spielregeln gesprochen. Daß man sie nirgendwo lernt. Nicht einmal im großen Lexikon gibt es ein Stichwort „Spielregeln" ...

Dabei sind sie so wichtig. Wir haben im Unterricht zwar über das Verhalten von großen und kleinen Tieren gesprochen, aber wie Menschen sich verhalten und wie sie hundert oder tausend Spielregeln haben, um bei den verschiedensten Gelegenheiten mit den verschiedensten Typen auszukommen, das lernt man nicht in der Schule. Sondern nur im Leben, hat Vater gesagt ...

Ich fragte ihn, warum man Spielregeln niemals fotografiert sieht. – „Du kannst es ja mal versuchen", meinte er. „Allerdings kann man die Spielregeln selber kaum fotografieren, aber wie sie vorkommen, das kannst du ja ständig beobachten ... Auf der Straße, im Bus, auch zuhause. Wie man Rücksicht nimmt, sich gegenseitig hilft und so ..."

„Aber denke daran", sagte er, „daß die Leute auf der Straße nicht gern fotografiert werden ... Das würde ich an deiner Stelle doch lieber garnicht erst versuchen ..."

Aber dann hatte er einen guten Einfall. „Es müssen ja nicht Menschen, es können ja auch Dinge sein", sagte er, „die zu Spielregeln gehören. Dinge, die sprechen können. Zum Beispiel: Die Verkehrsampel sagt: ‚Warte, bis grün für dich kommt!' ... Der Abfallkorb: ‚Wirf das Papier nicht auf die Straße!' ... Das Telefon in der Fernsprechzelle: ‚Schlage mich nicht entzwei. Ich könnte vielleicht auch für dich mal um Hilfe rufen!' ... und der Fahrradweg: ‚Ich bin kein Parkplatz! Stell dein Auto nicht auf mich!' Wenn du solche Dinge fotografierst,

**Jedes Ding
hat seine Spielregel**

Verkehrsampel, Abfallkorb, Normaluhr, Telefonzelle und vieles andere – ist doch alles sehr praktisch eingerichtet. Und für alle! Wer sich das alles wohl ausdenkt, frage ich mich. „Weshalb knipst du das eigentlich?" wollen die Leute auf der Straße wissen. Deshalb fotografiere ich möglichst unauffällig.

hast du bald eine schöne Sammlung von Aufforderungen zu Spielregeln. Das hat bisher noch keiner gemacht."
Eine gute Anregung ... Morgen fange ich an. Es gibt ja Hunderte solcher sprechenden Dinge. Manches habe ich vielleicht schon aufgenommen ...

„Bei uns gibt es Tiere aus der Urzeit"

*Freitag, 19. Oktober
sonniges Herbstwetter*

In den Herbstferien war ich eine Woche lang in Süddeutschland. Mein Freund Alex hatte mich eingeladen. – „Bei uns gibt es Tiere aus der Urzeit, die mußt du unbedingt sehen!" hatte er aus Tübingen geschrieben.
Vater zahlte den Rest vom Fahrgeld und ich das übrige aus meinen Ersparnissen. Ich wohnte mit Alex in seinem Zimmer und fand alles sehr gemütlich. Mit seinen beiden Geschwistern – Julia und Oliver, beide etwas älter als ich – verstand ich mich auf den ersten Blick.
Seine Mutter zeigte uns alle Sehenswürdigkeiten von Tübingen, den Marktplatz mit dem alten Rathaus, die Stiftskirche, den Hölderlin-Turm ... und ein paarmal fuhren wir mit Studenten in ihren flachen Stocherkähnen auf dem Neckar spazieren ...
Die Eltern nahmen mich zum Essen mit, einmal schwäbisch, einmal griechisch und einmal chinesisch ... Mit den Stäbchen essen macht Spaß. Ich bekam vom Wirt ein Paar geschenkt und will jetzt zuhause damit üben ...
Am meisten haben mich natürlich die Vorzeittiere interessiert. Schon am zweiten Tag gingen wir in das Museum. Knochen, Skelette, Versteinerungen ... kaum etwas unter 100 000, einer Million oder zehn Millionen Jahren ... Riesensaurier und andere, so klein wie eine Maus.

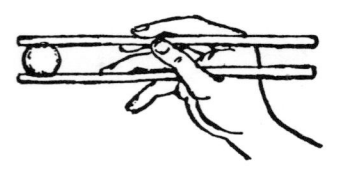

Professor Kukk hat mir aufgezeichnet, wie man in China, Japan und anderswo mit Stäbchen ißt: Das eine Stäbchen liegt in der Daumenbeuge und wird vom Daumen fest gegen den Ringfinger gedrückt; das andere wird wie ein Bleistift beweglich zwischen Daumen-, Zeige- und Mittelfingerspitze geführt – wie im Bild!

Ganz in der Nähe von Tübingen haben Saurier gelebt. Von Kopf bis Schwanzspitze 10 m lang. Allerdings vor 200 Millionen Jahren! Sie liefen zu Lebzeiten auf den Hinterbeinen, und ein Skelett, das wir im Museum sahen, trug seinen Kopf doppelt so hoch wie ein erwachsener Mensch.
Wir wollten natürlich wissen, wie man seine Knochen gefunden und sein Skelett zusammengebaut hat. – „Die sind garnicht von hier", sagte ein junger Mann, der uns zugehört hatte. „Da müßt ihr nach Trossingen gehen. Da sind sie gefunden worden ..." – „Ist das weit von hier?" fragte ich. – „Trossingen?", sagte Alex, „das schaffen wir mit dem Fahrrad an einem Tag hin und zurück ... Wollen wir hinfahren?"
Die Eltern von Alex waren einverstanden. Wir sollten uns aber Zeit lassen und unterwegs eine Pause machen. Vielleicht in Rottweil in der Jugendherberge übernachten ...

Mit Proviant reichlich versehen, starteten wir ein paar Tage später. Eine herrliche Fahrt, zuerst am Neckar entlang, durch Dörfer und Städtchen, vorbei an Flüßchen und Quellen, hügelauf und hügelab, über Landstraßen, Feld-, Wald- und Umwege – Autoverkehr möglichst meidend – bis Rottweil und am nächsten Morgen nach Trossingen ... ohne Reifenpanne. Wir stiegen vor einem Haus ab, das mit einem wagenradgroßen Ammonshorn geschmückt war, und fragten einen Jungen, der gerade seinen Fahrradschlauch geflickt hatte. – „Wo die Saurier

Selbst die kleineren Dinosaurier im Museum trugen den Kopf doppelt so hoch wie ein erwachsener Mensch.

Einträchtig fuhren wir beide – meist hintereinander – auf unseren Rädern durch die wunderschöne Landschaft. Schafe weideten ...

gefunden worden sind?" sagte er. „Wenn ihr ein bißchen warten könnt, fahre ich mit euch raus ..."

Wir hielten an einem steilen Abhang vor der Stadt. – „Ich weiß es von meinem Urgroßvater", sagte der Junge. „Der hat als Kind die steilen Wege hier als Rutschbahn benutzt, wenn im Winter Schnee lag. Und wie die anderen Kinder hat er sich über die knöchernen Buckel geärgert, die aus dem Boden herausragten ... Es wären Überreste großer Vorzeittiere, sagte ihr Lehrer, als sie ihm einmal so einen Knochen brachten. Und dann kamen die Vorzeitforscher und begannen zu graben. Im Lauf der Jahre wurde der halbe Hügel abgetragen, und nach und nach kamen die Skelette von zwölf solcher Riesentiere und zahllose Knochen ans Tageslicht. Und Riesenschildkrötenpanzer und so weiter ..."

Alex und ich, wir staunten. Klaus, der Junge aus Trossingen, sagte, die weite Landschaft ringsum sei vor 200 Millionen Jahren eine Wüste gewesen, und die Saurier von Trossingen seien wahrscheinlich auf der Wassersuche im schlammigen Grund eingesunken und umgekommen ... Er wußte das von seinem Vater.

Als wir auf unseren Rädern nach Trossingen zurückfuhren, kamen wir an einem Bauplatz vorüber. Wir stiegen ab und sahen zu, wie der Bulldozer kratzte, grub und schaufelte. Der Mann auf dem Bulldozer sah uns und machte eine Pause ... Als wir zu ihm rübergingen, sahen wir, daß der Boden der großen Grube übersät war von mausgroßen, dunkelbraunen Steinen. Es waren aber keine Steine, sondern Tausende versteinerter Muscheln. Auch ein paar große und kleinere Ammoniten lagen dazwischen. – „Nehmt euch mit, soviel ihr wollt", sagte der Mann auf dem Bulldozer. Natürlich füllten wir in unsere Taschen, was wir hineinbekommen konnten ... Vielen Dank! Es war ein netter Mann ...

Klaus nahm uns mit zu seinen Eltern. Wir zeigten dem Vater unseren Fund und erfuhren von ihm, daß die Muscheln und Ammoniten aus der Zeit stammten, als die Trossinger Wüste vom Meer überspült war. Vor etwa 150 Millionen Jahren ...
Wir wurden von der Familie zum Abendessen eingeladen und durften dort sogar übernachten. Am nächsten Morgen fuhren wir gut ausgeruht und reichlich gefrühstückt nach Tübingen zurück ...

Diese versteinerten Muscheln haben vor rund 150 Millionen Jahren in dem Meer gelebt, das damals die Trossinger Wüste überspülte. Wir durften so viele mitnehmen wie wir wollten.

Ich denke über mich nach

*Sonntag, 28. Oktober
sehr herbstlich*

Habe ein paar Tage im Bett gelegen. Grippe. Keine Lust zum Lesen. Viel geschlafen, viel nachgedacht. Auch über mich. Wie fühle ich mich? Was möchte ich erreichen? Was muß ich dazu tun? Was mag ich und was nicht?
Ich lebe gern. Bin gespannt darauf, wie es weitergeht. Ich gehe ganz gern zur Schule. Bin aber nicht so gut, wie ich sein könnte. Hänge zuviel irgendwelchen Gedanken nach. Muß aber einen vernünftigen Abschluß machen.
Möchte später gern einen schönen Beruf haben, auf keinen Fall am Schreibtisch oder hinter dem Schalter.
Ich bin nicht sportlich. Spiele mit Luna und meinen Kameraden gern Tischtennis, weil man da immer blitzschnell reagieren muß. Aber ein Pingpong-Fan bin ich nicht.
Ich schwimme gern, habe Freude am Schweben und Gleiten im Wasser, an der eigenen Kraft. Ich laufe gern mit anderen querfeldein und durch den Wald. Aber nur aus Freude am

Ich würde gern jeden Tag wald- oder querfeldeinlaufen. Aber bei uns ist kein Wald und kein Feld, nur Asphalt und Beton. Und auch kein See zum Schwimmen und Tauchen. Schade!

Laufen, nicht als Wettlauf. Aber ebenso gern liege ich in der Sonne und schaue zu.
Ich bummele gern. Streife durch die Stadt, auf dem Rade auch über Land. Ohne Zweck und Ziel. Nur um zu sehen, zu schauen, Tiere zu beobachten, Menschen zuzuhören ...
Ich liege gern auf meinem Bett und lese oder denke nach. Ich zeichne gern ... Und dann brauche ich viel Zeit für mein Tagebuch.
Meine Hobbys: Segelflugmodelle bauen. Nach Bausätzen. Wenn Magnus mitmacht, auch elektronisch steuerbar. Manchmal gehen sie verloren, wenn wir sie fliegen lassen. Ist auf dem Rad jedesmal eine Tagesreise. Öfter nimmt uns Magnus' Mutter bis zu unserem „Flugplatz" im Auto mit.
Ich fotografiere gern, habe hinterher Spaß am Entwickeln und Vergrößern. Manchmal fragen mich meine Freunde, warum ich nur so langweiliges Zeug fotografiere. – Für mich ist das nicht langweilig. Ich brauche alles für mein Tagebuch. Aber das kann ich ihnen natürlich nicht sagen ...

Ich habe gute Freunde. Aber ich würde mich gern auch mal mit einem Mädchen unterhalten, das nicht unbedingt so sein muß wie Luna ... aber ebenso lustig und unternehmend. Zum Beispiel mit Helene ...

Schach im Park: Als ich das sah, mußte ich es gleich fotografieren: Zwei denken angestrengt nach, und zwei Dutzend sehen ihnen dabei zu und möchten ihre Gedanken erraten ...

Ist wirklich alles vergeben?

Sonntag, 11. November morgens Nebel, kalt

Ich bin gern zuhause. Finde es ungeheuer gemütlich bei uns. Wenn ich aus der Schule komme, ist alles immer tadellos aufgeräumt und sauber. Wie in einem Puppenhaus.

Heute kam ich früher heim. Mutter fuhr gerade im Wohnzimmer mit dem Staubsauger über den Teppich. – „Mach dir doch nicht die Mühe!" sagte ich leichtfertig. „Morgen liegen wieder genausoviel Krümel auf dem Teppich..." Damit kam ich aber bei Mutter schlecht an. Sie sagte kein Wort, aber nach Tisch kam sie darauf zurück.
„Du hast ganz recht", sagte sie. „Mein ganzes Leben besteht aus lauter Wiederholungen: Ich mache die Wohnung rein, bringe alles in Ordnung, stelle Tische und Stühle an ihren Platz, – und dann kommt ihr und zerstört meine schöne Arbeit... Ich stehe stundenlang in der Küche, koche und brate und backe – und sehe dann zu, wie alles in einer halben Stunde vom Tisch verschwunden ist, aufgegessen... Ich nähe und bessere aus, ich wasche und bügele, putze die Böden, wische Staub... alles scheinbar vergeblich. Denn in Kürze ist alles wieder wie vorher, muß von neuem gekocht, gewaschen, genäht und hergerichtet werden... Die Handgriffe wiederholen sich Tag für Tag, immer wieder... Man könnte wirklich sagen: alles vergeblich!"

„Ich erzähle dir das nur", sagte Mutter, „weil ich zufällig heute morgen die gleiche Geschichte gehört habe. Ich bin Frau Beermann begegnet, und als ich sie fragte, wie es ihr geht, sagte sie: ‚Ich hab es so satt, jeden Tag dasselbe, und alles vergeblich. Man rackert sich für die Familie ab, und keiner merkt es. Die haben wenigstens jeden Tag ihre Abwechslung, aber wir Hausfrauen müssen doch immer denselben Kram machen, von morgens bis abends: Frühstück richten, abwaschen, Zimmer machen, einholen, kochen, Tischdecken, nach dem Essen abwaschen... stundenlang in der Küche stehen und im Nu ist alles aufgegessen... Ich hab es wirklich satt. Die ständige Wiederholung kommt mir so vergeblich vor...'"
Mutter ist aber doch anderer Ansicht:
„Nein", sagte sie... „Für mich ist nichts vergeblich. Ich tu es ja nicht für mich allein. Ich finde es eben gut und schön, daß die Wohnung sauber ist, daß ihr Spaß am Essen habt, daß es gemütlich bei uns ist... Ihr helft mir ja dabei, allerdings nicht umwerfend viel, aber ihr haltet eure Zimmer einigermaßen in Ordnung, macht eure Betten, tragt den Mülleimer runter... Nein, laßt mich mal weiter so machen. Nichts ist für mich vergeblich getan! – Und außerdem erhole ich mich ja bei meinen Übersetzungen..."

Professor Kukk spricht vom Überleben

*Freitag, 16. November
es hat tagsüber geregnet*

Gestern abend war Professor Kukk bei uns zum Essen. Mutter hatte tagelang im Kochbuch gesucht, was sie ihm vorsetzen könnte. Denn Professor Kukk ißt, wenn er auf seinen Reisen unter Eingeborenen lebt, auch wie sie: Kröten, Würmer, Käfer und wildwachsende Pflanzen und Früchte. Und darüber steht nichts im Kochbuch ... Schließlich rief Mutter den Professor an und fragte ihn. – „Ach, machen Sie einfach Würstchen und Kartoffelsalat. Das bekomme ich unterwegs nie vorgesetzt", sagte er.
Diesmal waren wir fünf unter uns, und niemand unterbrach die interessanten Geschichten, die der Professor zum Besten gab ...
Zu den Würstchen mit Kartoffelsalat hatte Mutter in der Feinkosthandlung je eine Dose geröstete Heuschrecken und Seidenwürmer besorgt. Als Nachtisch ... Der Professor nahm von beidem nur eine Kostprobe. Mutter fragte, ob sie ihm nicht schmeckten ... Doch, sagte er, aber er äße eigentlich nichts aus der Konservendose, – lieber „frisch vom Fang ... naturrein" ... Von unserer Familie hatte keiner Appetit auf die gerösteten Feinschmeckereien ...

Aus Japan kommen geröstete Grashüpfer in Dosen. In Feinkostläden kann man bei uns aber auch Seidenraupen, Jungbienen und Ameisen kaufen, wenn man Appetit darauf hat ...

In Indien hatte er Frösche und Schlangen verspeist. Sie schmeckten wie Kalbfleisch, sagte er. Und in Japan hatte er sich daran gewöhnt, Fisch roh zu essen ...
„Mögen Sie das gern?" fragte ihn Mutter. – „Freilich", antwortete der Professor. „Ich studiere ja gerade, was die Menschen in der Welt essen, wie sie es sich beschaffen und zubereiten und welchen Nährwert alles hat ..."
Den größten Teil des Jahres ist Professor Kukk auf Reisen. Im Auftrage eines wissenschaftlichen Instituts besucht er fremde Länder und eingeborene Völker rund um den Erdball, um ihre Lebensgewohnheiten, Sitten, Bräuche und Spielregeln kennenzulernen. Besonders wie sie wohnen, sich kleiden, was

In Tibet streckt man zum Gruß die Zunge heraus und sagt „demo, demo", das heißt: „Wie geht es dir?" – Bei uns reicht man sich die Hand zum Gruß. Warum? Weil man vor langen Zeiten dem andern zeigen wollte, daß man in der Rechten keine Waffe mit sich führte. So verschieden sind die Bräuche!

Nach einer Zeichnung von Sven Hedin

sie essen und trinken und wie sie sich bei Naturkatastrophen verhalten. Also bei Erdbeben, Überschwemmungen, Vulkanausbrüchen, Waldbränden, bei Trockenheit und Dürre ... Er ist immer allein unterwegs, immer auf sich selbst angewiesen. – „Allein passiert einem am wenigsten", meinte er. „Bei den Eskimos wie bei den Tuaregs in der Wüste ..." – „Aber das ist doch gefährlich", sagte Mutter. „Wozu begeben Sie sich ständig in Gefahr?"
„Sie haben recht", sagte der Professor. „Aber ich will ja gerade die Gefahren kennenlernen und studieren, um herauszubekommen, wie man sich da richtig verhält ..."
„Und wie nennt man diesen erstaunlichen Beruf?" wollte Vater wissen. – „Überlebensforscher, wenn Sie es so nennen wollen. Ich studiere, welche Möglichkeiten es gibt, selbst in schwierigen Notfällen zu überleben ... Übrigens auch in unserem Alltag ..."
„Und für wen soll das gut sein?" fragte Luna ahnungslos. –
„Für alle, auch für Sie selbst, liebe Luna," sagte der Professor freundlich. „Wissen Sie, wie Sie sich verhalten müssen, wenn es brennt ... oder wenn der Strom ausfällt und Sie im Fahrstuhl steckenbleiben ... alles dunkel ... oder wenn Sie sich nachts im Wald verlaufen haben ... wie orientieren Sie sich dann? Oder wenn Sie zufällig ein Erdbeben miterleben? Das kann uns doch allen passieren, – auch Ihnen!"
Luna wurde verlegen. Sie fragte: „Und was macht man zum Beispiel bei einem Erdbeben?" – „Ein paar ganze einfache Regeln, die in Erdbebengebieten jeder kennt: In der Wohnung weg von hohen Schränken und Regalen, die umfallen könnten, weg von Fenstern und Spiegeln, der Splitter wegen. Strom und Gas abschalten und kein offenes Licht! Explosionsgefahr!

Die Wüste ist überlebensfeindlich, ob man allein ist oder Unbekannten begegnet, sagte Professor Kukk. Er verriet uns ein halbes Dutzend Rezepte für das Überleben in der Wüste ...

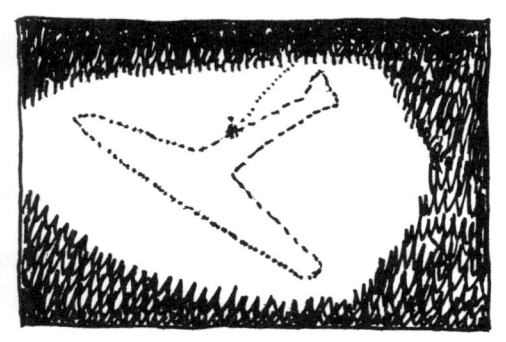

Vor Jahren hat ein Pilot, der in der kanadischen Wildnis abgestürzt war, die Umrisse eines Flugzeugs in den Schnee getrampelt. Dadurch wurde er schließlich nach Tagen von Suchflugzeugen gefunden.

Wer von uns weiß, was er tun würde, wenn plötzlich der Strom ausfiele. Rabenschwarze Dunkelheit ringsum. Wie orientieren wir uns dann?

Schutz suchen unter Türrahmen oder einem festen Tisch. Nicht gleich aus dem Haus rennen! Keinen Fahrstuhl benutzen! – Im Freien weg von Häusern, Mauern, Lichtmasten, möglichst auf einen freien Platz flüchten..." – Natürlich, dachten wir, das muß man wissen...

„Überleben ist eine Wissenschaft", erklärte der Professor. „Es gibt tausend Gefahren, nicht nur auf der Erde, auch auf dem Meer, in der Luft, in der Wüste, in der Steppe, am Nordpol – überall. Wenn ein Flugzeug auf dem Atlantik, in der Arktis oder im tiefsten Afrika notwassern oder -landen muß, jedesmal sind die Überlebensaussichten für die Insassen andere. Es kann tagelang dauern, bis Hilfe kommt. Was kann man inzwischen tun? Was geschieht, wenn die Vorräte verbraucht sind? Von was ernähren sich die Eingeborenen dort, und wenn es Würmer und Schlangen sind...? Woraus erkennen die Eingeborenen, daß wir keine Feinde sind? Wie verständigt man sich mit ihnen? Tausend Fragen, für die wir die Antwort suchen..."

...Aber auch in einer strahlend hell erleuchteten Millionenstadt wie New York kann das Überleben und Heimkommen eine Kunst sein. Professor Kukk sagte uns, wie man es am besten macht.

„Und für wen forschen Sie? Wer braucht Ihre Wissenschaft?" fragte Mutter. – „Zum Beispiel", antwortete der Professor, „die großen Fluggesellschaften. Sie wollen viel wissen, damit sie sich für Notfälle auf alles vorbereiten können."

Als Professor Kukk um Mitternacht ging, hatten wir erfahren, wie man Rauchfeuer anlegt und riesige Kennzeichen auslegt (zum Beispiel: ‚SOS' aus Steinen, jeden Buchstaben fünf oder mehr Meter groß), damit Suchflugzeuge die Verunglückten auch aus großer Höhe entdecken können. Oder wie man zur Not ein Schneehaus baut und Fische mit der Hand fängt, aber auch, daß der Mensch zwei bis drei Liter Flüssigkeit am Tage braucht und ohne Flüssigkeit gerade zehn Tage (in der Wüste nur zwei!) überlebt...

Der Professor hat uns erklärt, wie man nachts in der Wüste Tauwasser sammelt, das den Tag über reichen soll. Er hat uns genau beschrieben, wie man sich gegen Sonnenstrahlung und starke Kälte schützt. Ferner: Daß der Mensch ohne Nahrung bestenfalls vier bis sechs Wochen überleben kann. Und daß er als Nahrung fast alles verträgt, was Säugetiere und Vögel fressen. Auch Ameisen, Würmer und Käfer...

Und noch viel mehr... Mit seinen Geschichten hat uns der Professor Mut gemacht und bewiesen, daß es tausend Möglichkeiten gibt zu überleben. Nur haben wir heute morgen fast alles wieder vergessen...

Ein neuer Beruf: Ratgeber

Sonntag, 25. November
Schneetreiben

Ich habe mich wieder einmal mit Vater darüber unterhalten, was ich einmal werden könnte. Dabei hat er mir erzählt, was man in einigen Berufen wissen und können muß und was man da zu tun hat. Wir sprachen auch über Berufe, die es nicht mehr und die es noch nicht gibt...

Da kam mir ein Gedanke: Ich dachte an die Unterhaltung mit Großvater über das „Know-how" und meinte, es müßte einen neuen Beruf geben, der dringend gebraucht wird: den *Ratgeber.* – „Ratgeber?" fragte Vater. „Was soll der denn machen?"

„Ein Ratgeber für alle Lebensfragen", sagte ich. „Natürlich gegen Bezahlung... Man trägt ihm seine Sorgen und Nöte vor und spricht sich aus. Und er hört aufmerksam zu und gibt einem dann Ratschläge, was man tun und was man lassen soll und so weiter."

„Dafür", sagte Vater, „gibt es doch schon Rechtsanwälte, Ärzte Seelsorger, Psychotherapeuten und eine Menge anderer Berufe..."

„Ja, das weiß ich", sagte ich. Aber mein Ratgeber müßte nicht unbedingt ein studierter Mann sein, sondern ein Praktiker, der überall Bescheid weiß. Der einem weiterhilft, wenn man vor

einer wichtigen Entscheidung steht. Wenn man z. B. ein Auto kaufen oder wenn man heiraten will, oder der einem sagen kann, was man für eine Reise nach Indien wissen und mitnehmen muß ... Ich denke an einen Lebenskünstler, der einem vielleicht einen wichtigen Brief aufsetzen oder erklären kann, was man falsch gemacht hat oder anders machen könnte und an wen man sich da wenden könnte ... Ich finde, so ein Ratgeber könnte für alle wichtig sein, die sonst niemanden fragen können ...
Natürlich müßte man den Ratgeber für seine Arbeit bezahlen. Das ist ja klar. Dafür nimmt er einem dann alles ab, was getan werden muß. Aber das wäre doch ein nützlicher Beruf ...
Kannst du dir vorstellen, was ich meine?"
Vater fand meinen Gedanken garnicht schlecht ...

Was Onkel Jo als Busfahrer alles sieht

Donnerstag, 29. November
feuchtkalt und trübe

An Vaters Geburtstag kam auch eine Dame aus der Nachbarschaft zum Gratulieren. Sie saß Onkel Jo gegenüber, den sie noch nicht kannte, und fragte ihn: „Sie erzählen so interessant ... Woher wissen Sie das alles? Sie sind sicher viel im Auto unterwegs ..."
Onkel Jo: „Ich bin Busfahrer. Da bekomme ich viel zu sehen."
Die Dame: „Wie interessant. Erzählen Sie doch mal!"

Zwischen Busfahrer und Busfahrer ist ein großer Unterschied. Der eine muß sich auf den Verkehr konzentrieren, der andere kann aus dem Fenster sehen, Zeitung lesen oder schlafen.
Wer denkt schon daran, daß der Fahrer manchmal für 20, 30 Leute die Verantwortung trägt ...

Onkel Jo: „Schon die Leute, die ein- und aussteigen, sind doch sehenswert ... Was die sich erzählen, was sie lesen, wie sie ihre Kinder behandeln ... Manches schreibe ich gleich auf ..."
Die Dame: „Wie interessant ... im Fahren?"
Onkel Jo: „Natürlich im Fahren, und wenn wir anhalten auch ...

Natürlich unterhalte ich mich auch, Sie ahnen ja nicht, wie leicht man als Busfahrer Kontakt mit andern Leuten hat ... Was die erzählen, da kann man sich nur wundern ..."
Die Dame: „Und das machen Sie alles im Fahren?"
Onkel Jo: „Na, wann denn sonst? Wenn ich was Beachtliches sehe, dann fotografiere ich es ..."
Die Dame: „Auch im Fahren?"
Onkel Jo: „Natürlich ... Warum nicht?"
Die Dame: „Na, mit Ihnen möchte ich aber nicht mitfahren. Das ist ja lebensgefährlich ..."
Onkel Jo: „Wieso? Sehen Sie im Bus nicht aus dem Fenster?"
Die Dame: „Gewiß, aber ..."
Onkel Jo: „Na, sehen Sie, dann sind Sie ja auch Busfahrer ... oder Busfahrerin ..."
Die Dame: „Ach, *so* meinen Sie das ... Und ich dachte, Sie sitzen am Steuer ... Zum Fenster rausgucken kann ich ja auch ..."

Wie Großvater seine erste Erfahrung machte

*Dienstag, 4. Dezember
kalt, feucht, Nieselregen*

Am Sonntag waren die Großeltern zum Frühstück gekommen. Großvater erzählte wieder einmal aus seinem Leben und sagte: „Jeder muß seine Erfahrungen selber machen ..." – „Kannst du uns mal ein Beispiel geben?" fragte ich. – Und dann erzählte er uns eine Geschichte aus seiner Jugend:
Er war damals siebzehn Jahre alt und Lehrling in einer Buchhandlung. Eines Tages hatte er auf dem Heimweg einen älteren Mitschüler getroffen. – „Ich bin Bibliothekar bei einem reichen Mann", sagte er. „Der hat eine Riesenbibliothek, die ich jetzt ordne, und ist Fabrikant von Schuhkrem und solchen Sachen. Du hast sicher schon mal von ihm gehört ..."
„Ja", sagte Großvater. „Ich glaube, mein Vater hat uns öfter von dem erzählt ... Eigentlich mehr vom Vater des Fabrikanten ... Mein Vater sagte: der hat ganz bescheiden angefangen. Ist mit einem Hundekarren durch die Straßen gezogen und hat Knochen gesammelt. Die hat er dann zuhause verkohlt, und das gab die Grundlage für den besten schwarzen Schuhkrem, den ihr euch vorstellen könnt. Den Mann, sagte mein Vater, könnt ihr euch zum Vorbild nehmen: ehrlich, bescheiden und fleißig!"
Das hatte also mein Großvater seinem ehemaligen Mitschüler erzählt. Der hörte aufmerksam zu und sagte nur: „Du, das ist ja echt interessant!" oder so ...
Ein paar Tage danach bekam mein Großvater, siebzehn Jahre alt! einen eingeschriebenen Brief. Nanu, was wollte denn der Schuhkremfabrikant von ihm? Großvater riß den Brief auf und staunte. Der Fabrikant verlangte von ihm, er solle sofort seine Behauptungen zurücknehmen. Schriftlich! Denn er habe seinen Vater mit der ‚erlogenen' Geschichte beleidigt. Und wenn er

Mit einem Hundewägelchen fing er an. Er machte den besten Schuhkrem von der Welt. Aber sein Sohn wollte das nicht hören ...

nicht in drei Tagen mit eingeschriebenem Brief alles zurücknähme, würde der Fabrikant seinen Rechtsanwalt beauftragen, beim Gericht Klage gegen den Jungen einzureichen oder so ...
Was tun? Damals stand mein Großvater ganz allein. Siebzehn Jahre alt! Sein Vater war vor ein paar Monaten gestorben, und seine Mutter wollte er nicht beunruhigen.
Am nächsten Tag setzte er sich hin und schrieb einen Brief:
„Sehr geehrter Herr ... warum eigentlich sehr geehrter? Die wunderbare Geschichte von den Anfängen des Schuhkremfabrikanten hat uns mein Vater, als er noch lebte, oft erzählt, und wir Kinder bewunderten den Fleiß und die Bescheidenheit, die Ehrlichkeit und den Erfolg des Knochensammlers ...
„Leider kann mein Vater Ihnen die Geschichte nicht persönlich bestätigen. Ich verspreche Ihnen aber gern, daß ich nie mehr weitererzählen werde, daß Ihr Vater ein bescheidener, ehrlicher und fleißiger Mann war, der aus kleinen Anfängen ein großes Werk geschaffen hat und daß er ein Vorbild war ..."
(Unterschrift)
„Und was hat der beleidigte Mann darauf geantwortet?" fragten wir. – „Gar nichts", sagte Großvater. Und von seinem ehemaligen Mitschüler hat er auch niemals wieder etwas gehört ...

Das war Großvaters erste schmerzhafte Begegnung mit einem fremden Erwachsenen. Und die erste Erfahrung, die er selbständig machte ...

Großvaters Lebensregeln

*Donnerstag, 6. Dezember
Regen, naßkalt*

Großvater sagt: Wenn du Pech hast, sage dir: Alles hat zwei Seiten: auch im Unglück kann man Glück haben; auch was zuerst wie ein Unglück aussieht, kann sich später als Glück herausstellen ...

Noch ein alter Holzschnitt aus dem Katalog. Großvater erklärt ihn so: In jedem Menschen liegen Gut und Böse dicht beieinander. Der Mensch soll sich selbst erkennen und aufpassen, daß die bösen Gedanken gar nicht erst wach werden ...

Wenn du krank bist, tröste dich: Auch eine Krankheit kann ihr Gutes haben: du hast Zeit zum Nachdenken, zum Lesen, zum Zuhören, zum Plänemachen ...

Was ist das Gewissen? Dein Gewissen ist die Kontrolle über alles, was du tust und nicht tust. Höre auf dein Gewissen!

Keiner ist allein: Jeder hat Freunde, mehr als er denkt. Er kennt sie nur nicht. Sie können um die Ecke wohnen oder am anderen Ende der Welt ... Nur begegnen muß man ihnen. Aber der Gedanke, daß es überall Freunde gibt, ist doch tröstlich.

Das Leben ist wie ein großes Spiel. Mit Regeln, die uns sagen, wann, wo und wie etwas getan werden muß. Erwachsen wird man, indem man lernt, die Spielregeln des Zusammenlebens zu verstehen und richtig anzuwenden ...

Man soll nicht zuviel reden. Besonders soll man nicht über andere reden, nichts Schlechtes von ihnen reden. Aber auch von sich selbst soll man nicht zuviel erzählen ... Und man soll nicht alles kritisieren!

Großvater schrieb mir für mein Tagebuch auf einen Zettel: „Ein wirklicher Freund ist etwas ganz seltenes. Gute Nachbarn und nette Bekannte sind noch keine Freunde. Ein Freund ist wie ein wirklicher Bruder. Er hat Zeit für dich, hört dir zu und versteht dich. Ihr sagt euch die Wahrheit, schmeichelt euch nicht und bessert nicht am andern herum („ich an deiner Stelle würde ..."). Ihr nehmt euch, wie ihr seid. Dein Freund erwartet nichts von dir und will von dir nichts haben. Er ist da, wenn du in Bedrängnis bist, und gibt dir Rat und Hilfe. Ich glaube (schreibt Großvater), ich hatte in meinem ganzen Leben nur drei oder vier solche Freunde, und das war viel!"

Ein amerikanischer Professor soll gesagt haben: Der Durchschnittsmensch entwickelt im Laufe seines Lebens nur etwa 10% seiner geistigen Fähigkeiten. Der Mensch besitzt viele seelischen und geistigen Kräfte, von denen er nichts weiß und die er auch unbewußt niemals anwendet. – Ich frage mich, was das wohl für Kräfte sein mögen? Ob ich sie auch besitze? Dann muß ich sie suchen und anwenden ...

Das Gehirn des Höhlenmenschen der Steinzeit soll nicht viel anders gewesen sein als unseres. Aber wie hat sich in den 100.000 Jahren der Mensch verändert ...

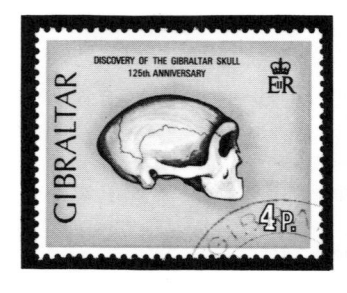

ERNST

Wie Frau Liebich Luna und mir die geheimnisvolle Schreibmaschine überreichte.

Ein einziges Wort war bisher auf der geschenkten Schreibmaschine geschrieben worden: ERNST.

Sonntag, 9. Dezember es hat gefroren und ist glatt

Frau Liebichs Schreibmaschine

„Frau Liebich hat angerufen", sagte Vater gestern mittag. „Ihr beide sollt sie morgen besuchen. Sie hat etwas Schönes für euch." – Luna war ebenso neugierig wie ich, was das sein könnte. Vater ließ uns nicht lange zappeln. – „Also, damit ihr's wißt: Sie hat eine alte Schreibmaschine, die will sie euch schenken. Wie groß? Das weiß ich nicht, Ihr sollt jedenfalls schon zum Essen kommen!"

Frau Liebich ist Millionärin. Ihr Mann ist vor ein paar Jahren gestorben. Von ihm würde wohl die Schreibmaschine stammen. Wir beide freuten uns ungemein. Als wir heute vor dem Essen losgingen, hatten wir schon verabredet, daß das Ding uns beiden gehören sollte. Es sollte abwechselnd in Lunas und in meinem Zimmer stehen. Vielleicht war es gar eine elektrische Schreibmaschine?

Frau Liebich empfing uns in ihrem Salon. Wir hatten schon, als die Hausdame uns hereinließ, gerochen, daß es etwas Gutes zu essen geben würde. Frau Liebich saß in einem Sessel und freute sich, wie sie sagte, über unseren Besuch. Erst wollten wir einmal essen, sagte sie, und dann käme die große Überraschung ...

Luna saß mir gegenüber. Wir sahen uns gespannt an und hatten kaum noch Appetit auf den goldglänzenden Braten. Aber wir ließen uns nichts anmerken und benahmen uns tadellos. Nach dem Essen gingen wir wieder in den Salon. Frau Liebich gab der Hausdame mit den Augen einen Wink. Unsere Spannung war auf dem Höhepunkt, als die Hausdame Frau Liebich ein kleines, gut verschnürtes Päckchen überreichte, das diese wiederum im Sitzen an Luna weitergab und sagte: „Ich glaube, es ist eine große Überraschung für euch. Aber packt sie erst zu Hause aus, liebe Kinder!" Wir waren über die Größe des Päckchens verwundert, bedankten uns aber tausendmal und gingen ...

Auf der Straße, kaum waren wir um die Ecke, konnten wir unsere Neugier nicht mehr bezähmen, denn das Päckchen war

Als ich es fotografierte, hielt ich es für ein dreieckiges Haus. Aber als ich um das Haus herumging, sah ich, daß es ein ganz normales Haus mit viereckigem Grundriß ist. Also eine Art optische Täuschung. – Da wurde mir klar, daß man von einer Sache ganz verschiedene Ansichten haben kann. Es kommt nur auf den Standpunkt an ...

gar zu klein und zu leicht für eine normale Schreibmaschine. Und so war es denn auch: ein leichtes Pappkästchen mit vielen Buchstaben aus Gummi, die man mit einer Pinzette zu Wörtern und Sätzen zusammenbauen konnte. Wir waren sprachlos ... Auch die Eltern blieben beim Anblick der Schreibmaschine stumm. – „Ihr müßt euch bei Frau Liebich noch einmal sehr bedanken", meinte Vater.

„ERNST" war das einzige Wort, das aus den Gummibuchstaben gesetzt und in den Kastendeckel gestempelt war. Ernst ist der jüngste Sohn von Frau Liebich, jetzt schon längst erwachsen.

„Da könnt ihr mal sehen", sagte Vater, „wie bescheiden Millionärskinder beschenkt werden." – „Ja", sagte Mutter, „man kann es auch so sehen..."
„Alles ist Ansichtssache", meinte Vater. „Zwei können dasselbe Haus sehen, doch jeder sieht von seinem Standpunkt aus ein anderes: der eine ein Haus mit vielen Fenstern, der andere nur kahle Brandmauern..."
„Wieso?" fragte Luna, „ich sehe nur einen Stempelkasten." –
„Und Frau Liebich nannte dasselbe Ding eine Schreibmaschine... Ansichtssache, aber gut gemeint!" sagte Vater.

Großvater geht auf eine weite Reise

Montag, 10. Dezember
ziemlich kalt

Großvater ist plötzlich krank geworden, sehr krank. Ich besuchte ihn heute im Krankenhaus. Er sieht blaß und elend aus, ist aber ganz ruhig und zufrieden...
„Wie geht es dir?" fragte ich unüberlegt. – „Ganz gut", flüsterte er, „bald besser." Mir war zum Heulen zumute.
„Mußt nicht traurig sein", sagte er etwas mühselig. „Ich habe eine lange Reise vor mir... Ich sitze auf meinen Koffern und warte auf meinen Zug... Hoffentlich habe ich einen Fensterplatz, damit ich noch etwas von der Welt sehen kann...
Dann werde ich mich in die Ecke drücken und schlafen, lange, lange... Ich bin sehr müde." Ich verstand, was er meinte.
Als ich wegging, war er eingeschlafen. Ich bin unwahrscheinlich traurig...

Wenn die Kassiererin den Stab über die Ware führt, piept es nicht nur an der Kasse.

Und rechts sind die rätselhaften Zeichen, die wir heute auf vielen Packungen aufgedruckt finden.

Rätselhafte Strichzeichen

Mittwoch, 12. Dezember
erster Schneefall

In letzter Zeit habe ich öfter auf Packungen, Flaschen, Dosen, Schachteln merkwürdige Zeichen entdeckt: Bündel von dünnen und dicken Strichen. Keiner konnte mir erklären, was sie bedeuten...

Unser Mathelehrer, Herr Franzius, wußte es. Er sagte, die Striche bilden einen „Strich-Code", den nur ein Computer entschlüsseln kann und von dem er ablesen kann, aus welchem Land die Ware kommt, wer sie hergestellt hat und noch viel mehr ...

Ich hatte schon öfter in Geschäften gesehen, wie die Kassiererin mit einem Stab über die Strichmarkierung strich, und das war von einem feinen Piepton begleitet. Was geschah da?

Herr Franzius sagt: Der Stab ist ein Spezial-Lesegerät, das mit einem Computer verbunden ist. Ein foto-elektrisches Auge liest den geheimnisvollen „Strich-Code" ab, und der Computer, der alle Preise gespeichert hat, gibt der Kasse den Preis für die gekaufte Ware an. Einer der Vorteile: Der Kunde kann schneller abgefertigt werden. Gleichzeitig spart man sich aber auch das Aufkleben von Preiszetteln auf die Packungen; der gerade gültige Preis wird dann nur noch am Regal angegeben.
Der Computer tut noch mehr: Er bucht unter anderem jeden einzelnen Verkauf für das Lager, damit die Ware rechtzeitig nachbestellt werden kann. Eine Verwechslung ist nicht möglich, da es hunderttausende solche Verschlüsselungen gibt.

Ich schreibe mir das hier auf, damit ich auch anderen die geheimnisvollen Striche erklären kann, über die sich kaum ein Erwachsener den Kopf zerbricht ... Erkenntnis: Es gibt Dinge, die jeder täglich sieht, ohne zu fragen, was sie bedeuten ...

Helene ist anders als andere Mädchen

Sonntag, 16. Dezember
Winterwetter, es schneit

Gestern hatte Luna Geburtstag. Sie hatte ein paar Freundinnen eingeladen und mich als einzigen Mann ...
Mutter hatte alles heimlich vorbereitet, und wir feierten und waren glücklich miteinander. Ich besonders, weil ich mich mit Helene so prima unterhalten konnte ...
Was soll ich tun? Ich habe sie gern. Helene ist anders als andere Mädchen.

Mutter hat etwas gemerkt. Ganz nebenbei sagte sie heute zu mir: „Helene ist ein nettes Mädchen, findest du nicht auch?"

Ich möchte Helene gern mein Tagebuch zu lesen geben ...

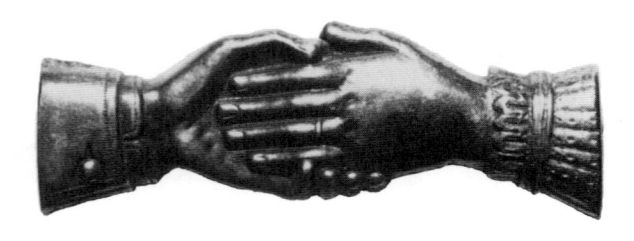

Personen

Familie

Mutter

Vater

Großvater

Großmutter

Onkel Jo und Frau
ihre Kinder Reni und Tom

Onkel Hans

Tante Helga
Onkel Rainer

Tante Amy
Onkel Willy

Vetter Lars

*Freunde und Gäste
des Hauses*

Professor Kukk, Forscher

Herr Schnell

Frau v. Bratnitz, Malerin

Frau Beermann, Nachbarin

Frau Liebich

Lehrer

Herr Federspiel, Deutsch

Herr Franzius, Mathematik

Herr Hollbein, Zeichnen

Herr Haase, Biologie

Mrs. Millener, Englisch

Mitschüler von Toby

Lustig	Magnus	
Sabine	Petra	Andrea
Heike	Mustafa	Nicole
Martin	Wolf-Dieter	

Freunde von Toby

Simon (an der Ostsee)

Yoko, eine Japanerin

Robert, ein Student

Alex (in Tübingen)

Klaus,
ein Junge aus Trossingen

Freundinnen von Luna

| Helene | Antje | Eva |

Inhalt

An meinem Geburtstag	7
Drei Tage lang keine Idee	7
Das kann ja lustig werden	8
Das Geheimschloß an der Kommode	9
Wir besprechen alles gemeinsam	10
Früher bewunderte ich Vater restlos	13
Tante Amy und die Briefmarken	14
Vater leiht mir seinen Fotoapparat	15
Wie ich die Welt sehe	16
Das „Molkerei-Taschenbuch"	16
Ich beteilige mich am Haushalt	17
Vetter Lars hat einen guten Job	18
Zwei Freunde besuchen Vater	20
Spielregeln für den Alltag	21
Menschlichkeit – nicht nur Spielregeln!	24
Was bedeutet das Bild eines Hasen?	25
Mit der Kamera unterwegs	26
Bei uns darf jeder seine „Macken" haben	28
Ich helfe Mutter beim Anstreichen	30
Zeichenstunde im Museum	31
Gespräch mit Luna: Wie sind die Erwachsenen?	32
Onkel Jo besucht mich	33
Professor Kukk und die Rentiere	34
Wie oft sich jeder entscheiden muß	35
Warum man Zeitung liest	36
Ich höre beim Autofahren zu	38
In Professor Kukks Büchergebirge	40
Wenn wir erwachsen wären	42
Die Sklavenmarke im Altpapier	43
Fliege überfliegt zweimal den Kanal	44
Wenn ich zeichne	44
Was ich aus der Zeitung ausschneide	46
Mehr Taschengeld	48
Wir lassen alles von anderen machen	48
Mit einer kleinen Japanerin im Museum	50
Wir verlassen uns darauf	51
Die Wahrheit und das Wahrheitsspiel	52
Frau von Bratnitz malt Gänsebraten	54
Mit Mutter beim Kaffeekränzchen	55
Vater erklärt mir das „Know-how"	57
Mit Mutter auf dem Wochenmarkt; was Mutter kann	60
Das „Brain-storming", die Kohlen am Bahndamm und die Verschwendung	62

Großvater erzählt von seinen „Lotsen"	65
Vater hat unterwegs sein Geld verloren	67
Die Frage nach der Tugend	68
Wohnen im Hochhaus und Zukunftsfragen	69
In zwanzig Jahren ist vieles anders	70
Eine Tasse voll Sand – Der Mensch, das Maß aller Dinge	72
Alles für den Menschen	74
Vogelflug und fliegender Mensch	75
Die Dinge leben nicht	77
Wie man Menschenkenntnis erwirbt	78
Beim Spielen lernt man sich kennen	79
Straßenbummel und Probleme	80
Vetter Lars als Erfinder	81
Ich träumte, es wäre Krieg	82
Weltall, Erde, Mensch und Tier	84
Luna macht sich Gedanken	86
Ich denke über den Sinn des Lebens nach	86
Wir zeichnen Menschen im Kaffeegarten	88
Wer nicht lesen kann, ist arm dran	89
Was wird der Urmensch tun?	92
Großvater erzählt, wie laut es früher war	93
Großvater erzählt, wie man alt wird	94
Nach dem Rock-Konzert – Und: Die Erwachsenen	97
Spielregeln kann man fotografieren	98
„Bei uns gibt es Tiere aus der Urzeit"	100
Ich denke über mich nach	102
Ist wirklich alles vergebens?	104
Professor Kukk spricht vom Überleben	105
Ein neuer Beruf: Ratgeber	108
Was Onkel Jo als Busfahrer alles sieht	109
Wie Großvater seine erste Erfahrung machte	110
Großvaters Lebensregeln	111
Frau Liebichs Schreibmaschine	113
Großvater geht auf eine weite Reise	115
Rätselhafte Strichzeichen	115
Helene ist anders als andere Mädchen	116
Personen	117